胡 适（上）

胡 适 ⊙ 著

陕西新华出版
太白文艺出版社·西安

图书在版编目（CIP）数据

近代名人文库精粹.胡适：全2册 / 刘东主编；胡适著. -- 西安：太白文艺出版社，2017.10（2024.5重印）
ISBN 978-7-5513-1118-2

Ⅰ.①近… Ⅱ.①刘… ②胡… Ⅲ.①胡适（1891-1962）—文集 Ⅳ.①Z425

中国版本图书馆CIP数据核字(2017)第237008号

近代名人文库精粹：胡适
JINDAI MINGREN WENKU JINGCUI: HU SHI

著　　者	胡适
主　　编	刘东
责任编辑	荆红娟　姚亚丽
封面设计	揽胜视觉
版式设计	刘兴福
出版发行	太白文艺出版社
经　　销	新华书店
印　　刷	三河市嵩川印刷有限公司
开　　本	700mm×960mm　1/16
字　　数	380千字
印　　张	24
版　　次	2017年10月第1版
印　　次	2024年5月第2次印刷
书　　号	ISBN 978-7-5513-1118-2
定　　价	69.80元（上下）

版权所有　翻印必究
如有印装质量问题，可寄出版社印制部调换
联系电话：029-81206800
出版社地址：西安市曲江新区登高路1388号（邮编：710061）
营销中心电话：029-87277748　029-87217872

目 录 Contents

胡适（上）

尝 试 集

尝试篇（有序）	3
孔丘	5
蝴蝶	6
赠朱经农	7
他	8
中秋	9
虞美人·戏朱经农（有序）	10
江上	11
黄克强先生哀辞	12
十二月五夜月	13
沁园春·二十五岁生日自寿	14
病中得冬秀书	15
论诗杂记（三首）	16
寒江	17
"赫贞旦"答叔永	18
生查子	19
景不徙篇	20
沁园春·新俄万岁	21

朋友篇 …… 22
文学篇 …… 23
百字令·六年七月三夜,太平洋舟中,见月,有怀 …… 25
一念 …… 26
鸽子 …… 27
人力车夫 …… 28
老鸦 …… 29
三溪路上大雪里一个红叶 …… 30
新婚杂诗(五首) …… 31
老洛伯 "Auld Robin Gray" …… 34
AULD ROBIN GRAY …… 38
四月二十五夜 …… 40
看花 …… 41
你莫忘记 …… 42
如梦令 …… 43
十二月一日奔丧到家 …… 45
关不住了! …… 46
希望 …… 47
"应该" …… 48
送叔永回四川 …… 49
一颗星儿 …… 51
"威权" …… 52
小诗 …… 53
自题《藏晖室札记》十五册汇编 …… 54
我的儿子 …… 55
乐观 …… 56
上山 …… 58
周岁 …… 60
一颗遭劫的星 …… 62
示威? …… 64
纪梦 …… 66

蔚蓝的天上	67
许怡荪	68
外交	70
一笑	71
我们三个朋友	72
湖上	74
艺术	75
例外	76
梦与诗	77
礼	79
十一月二十四夜	80
我们的双生日	81
醉与爱	82
平民学校校歌	83
四烈士冢上的没字碑歌冢	84
死者	86
双十节的鬼歌	87
希望	89
晨星篇	90

散 文 集

中国第一伟人杨斯盛传	92
中国爱国女杰王昭君传	94
归国杂感	98
贞操问题	104
不朽	112
爱情与痛苦	119
新生活	120
什么是文学	122
差不多先生传	125
祝《白话晚报》	127

追想胡明复	128
老章又反叛了！	134
漫游的感想（三则）	138
大众语在那儿	144
南游杂忆（一则）	147
平绥路施行小记	155
丁在君这个人	162
高梦旦先生小传	169

演讲集

为什么读书	172
怎样读书	177
找书的快乐	181

胡适（下）

演讲集

研究社会问题的方法	187
中国历史的一个看法	198
谈谈中国政治思想	205
中国古代政治思想史的一个看法	209
中国文学过去与来路	224
中国的传记文学	229
传记文学	237
白话文的意义	250
哲学与人生	258
科学的人生观	263
道德教育	267
女子问题	271
中国历史上妇女的地位	276

家 书 集

禀母亲 …………………………………………… 286
致江冬秀 ………………………………………… 289
禀母亲 …………………………………………… 290
禀母亲 …………………………………………… 291
禀母亲 …………………………………………… 292
禀母亲 …………………………………………… 293
禀母亲 …………………………………………… 295
禀母亲 …………………………………………… 297
禀母亲 …………………………………………… 299
致江冬秀 ………………………………………… 300

自 述 集

自序 ……………………………………………… 301
序幕　我的母亲的订婚 ………………………… 304
一、九年的家乡教育 …………………………… 315
二、从拜神到无神 ……………………………… 330
三、在上海（一） ……………………………… 338
四、在上海（二） ……………………………… 349
五、我怎样到外国去 …………………………… 362

胡 适
（上册）

作者简介

胡适（1891—1962）是中国现代文化学术的主要开拓者、奠基人。曾领导"五四"新文化运动，发起"整理国政"运动，被誉为"中国文艺复兴之父"。

他主张"好政府主义"，坚持民主政治，反对独裁统绐，并因此与北洋军阀、国民党政府展开极为紧张的正面冲突，是中国自由主义最具诠释力的发言人。

他在"问题与主义"论争、科学与玄学论战、东西文化论战中，力图以"实验主义"和"世界主义"的思想眼光透视和把握中国文化前途。被称为"现代中国的孔夫子"、"20世纪影响中国知识分子最深的思想家"。

胡适是传统文化与现代文化相互冲突、相互联结的矛盾体。是文化上的改宗者，即思想信仰的转变者。

尝试集

尝试篇（有序）

《陆放翁集》里有一首诗：

能仁院前有石像丈余，盖作大像时样也。

江阁欲开千尺像，云龛先定此规模。
斜阳徙倚空长叹：尝试成功自古无。

放翁这首诗大概是有所为而作的，但末一句"尝试成功自古无"的意思很容易发生误会。当日造像的人先造小像，作为一种"尝试"。倘使因为小像成功故千尺的大像也毕竟成功，那岂不是"尝试"的功效吗？即使尝试的结果使人知道大像的不可成，那也是"尝试"的功效。天下决没有不尝试而能成功的事，也没有不用尝试就可预料成败的事。

古来说大话的人尽多。放翁自己也曾夜夜"梦中夺得松亭关"，日日高谈"会与君王扫燕赵"。究竟他真有这种本领没有，若没有尝试，谁能知道呢？还不是一些纸上的大话吗？我因为不承认放翁这句话，故用"尝试"两字作我的白话诗集的名字，又作这诗，表示我的态度。

"尝试成功自古无！"放翁这话未必是。我今为下一转语：自古成功在尝试！请看药圣尝百草，尝了一味又一味。又如名医试丹药，何嫌六百零六次？莫想小试便成功，哪有这样容易事！有时试到千百回，始知前功尽

抛弃。即使如此已无愧,即此失败便足记。告人此路不通行,可使脚力莫枉费。我生求师二十年,今得"尝试"两个字。作诗作事要如此,虽未能到颇有志。作《尝试歌》颂吾师,愿大家都来尝试!

五年九月三日

孔　丘

子路宿于石门。晨门曰，"奚自？"曰，"自孔氏。"曰，"是知其不可而为之者欤？"

叶公问孔子于子路，子路不对。子曰，"女奚不曰，其为人也，发愤忘食，乐以忘忧，不知老之将至云尔？"

这两段最可以写孔丘的为人。

"知其不可而为之"，
亦"不知老之将至"。
认得这个真孔丘，
一部《论语》都可废。

五年七月二十九日

蝴　　蝶

两个黄蝴蝶，双双飞上天。
不知为什么，一个忽飞还。
剩下那一个，孤单怪可怜。
也无心上天，天上太孤单。

五年八月二十三日

赠朱经农

经农自美京来访余于纽约，畅谈极欢。三日之留，忽忽遂尽。别后终日不乐，作此寄之。

六年你我不相见，见时在赫贞江边；
握手一笑不须说：你我于今更少年。
回头你我年老时，粉条黑板作讲师；
更有暮气大可笑，喜作丧气颓唐诗。
那时我更不长进，往往喝酒不顾命；
有时尽日醉不醒，明朝醒来害酒病。
一日大醉几乎死，醒来忽然怪自己：
父母生我该有用，似此真不成事体。
从此不敢大糊涂，六年海外颇读书。
幸能勉强不喝酒，未可全断淡巴菰。
年来意气更奇横，不消使酒称狂生。
头发偶有一茎白，年纪反觉十岁轻。
旧事三天说不全，且喜皇帝不姓袁，
更喜你我都少年，"辟克匿克"来江边，
赫贞江水平可怜，树下石上好作筵，
黄油面包颇新鲜，家乡茶叶不费钱，
吃饱喝胀活神仙，唱个"蝴蝶儿上天"！

五年八月三十一日

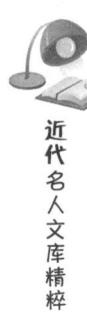

他

——思祖国也

你心里爱他，莫说不爱他。
要看你爱他，且等人害他。
倘有人害他，你如何对他？
倘有人爱他，更如何待他？

五年九月六日

中 秋

九月十一夜,为旧历八月十五夜。

小星躲尽大星少,
果然今夜清光多!
夜半月从江上过,
一江江水变银河。

虞美人·戏朱经农（有序）

朱经农来书云："昨得家书，语短而意长；虽有白字，颇极缠绵之致。晨间复得一梦。于枕上成两词，录呈适之，以博一笑。"经农去国才四五月，其词已有"传笺寄语，莫说归期误"之句。于此可以窥见家书中之大意也。因作此戏之。

> 先生几日魂颠倒，
> 他的书来了！
> 虽然纸短却情长，
> 带上两三白字又何妨？
> 可怜一对痴儿女，
> 不惯分离苦；
> 别来还没几多时，
> 早已书来细问几时归！

五年九月十二日

江　　上

十一月一日大雾，追思夏间一景，因此成诗。

雨脚渡江来，
　　山头冲雾出。
雨过雾亦收，
　　江楼看落日。

黄克强先生哀辞

当年曾见将军之家书,
字迹娟逸似大苏。
书中之言竟何如?
"一欧爱儿,努力杀贼!"——
八个大字,读之使人慷慨奋发而爱国。
呜乎将军,何可多得!

五年十一月九日

十二月五夜月

明月照我床，卧看不肯睡。
窗上青藤影，随风舞娟娟。
　　　＊
我爱明月光，更不想什么。
月可使人愁，定不能愁我。
　　　＊
月冷寒江静，心头百念消。
欲眠君照我，无梦到明朝！

沁园春·二十五岁生日自寿

　　五年十二月十七日,是我二十五岁的生日。独坐江楼,回想这几年思想的变迁,又念不久即当归去,因作此词,并非自寿,只可算是一种自誓。

　　弃我去者,二十五年,不可重来。看江明雪霁,吾当寿我,且须高咏,不用衔杯。种种从前,都成今我,莫更思量更莫哀。从今后,要怎么收获,先那么栽。

　　忽然异想天开,似天上诸仙采药回。有丹能却老,鞭能缩地,芝能点石,触处金堆。我笑诸仙,诸仙笑我。敬谢诸仙我不才,葫芦里,也有些微物,试与君猜。

病中得冬秀书

一

病中得他书，不满八行纸，
全无要紧话，颇使我欢喜。

二

我不认得他，他不认得我，
我总常念他，这是为什么？
岂不因我们，分定长相亲，
由分生情意，所以非路人？
海外"土生子"，生不识故里，
终有故乡情，其理亦如此。

三

岂不爱自由？此意无人晓：
情愿不自由，也是自由了。

六年一月十六日

论诗杂记（三首）

一

"从天而颂之，孰与制天命而用之？"
我爱荀卿天论赋，每作倍根语诵之。

二

"黄昏到寺蝙蝠飞……芭蕉叶大栀子肥"。
此是退之绝妙语，何须"涂改清庙生民诗"？

三

"学杜真可乱楮叶"，便令如此又怎么？
可怜"终岁秃千毫"，学像他人忘却我！

六年一月二十夜

寒　江

江上还飞雪，
遥山雾未开。
浮冰三百亩，
载雪下江来。

六年一月二十五日夜

"赫贞旦"答叔永

叔永昨以五言长诗寄我,有"已见赫贞夕,未见赫贞旦。何当侵晨去,起君从枕畔"之句。作此报之。

"赫贞旦"如何?听我告诉你。
昨日我起时,东方日初起,
返照到天西,彩霞美无比。
赫贞平似镜,红云满江底。
江西山低小,倒影入江紫。
朝霞渐散了,剩有青天好。
江中水更蓝,要与天争姣。
休说海鸥闲,水冻捉鱼难,
日日寒江上,飞去又飞还。
何如我闲散,开窗面江岸,
清茶胜似酒,面包充早饭。
老任倘能来,和你分一半。
更可同作诗,重咏"赫贞旦"。

六年二月十九日

生 查 子

前度月来时，
　仔细思量过。
今度月重来，
　独自临江坐。

风打没遮楼，
　月照无眠我。
从来没见他，
　梦也如何作？

　　　　　　　　　　六年三月六日

景不徙篇

  《墨经》云,"景不徙,说在改为"。说曰,"景。光至景亡。若在,尽古息"。《庄子·天下篇》云,"飞鸟之影未尝动也"。此言影已改为而后影已非前影。前影虽不可见而实未尝动移也。

    飞鸟过江来,投影在江水。
    鸟逝水长流,此影何尝徙?
        *
    风过镜平湖,湖面生轻绉。
    湖更镜平时,毕竟难如旧。
        *
    为他起一念,十年终不改。
    有召即重来,若亡而实在。

              六年三月六日

沁园春·新俄万岁

　　俄京革命时，报记其事，有云，"俄京之大学生杂众兵中巷战，其蓝帽乌衣，易识别也。"吾读而喜之，因撷其语作《沁园春》词，仅成半阕，而意已尽，遂弃置之，谓且俟柏林革命时再作下半阕耳。后读报记俄政府大赦党犯，其自西伯利亚召归者，盖十万人云。夫放逐囚拘十万男女志士于西伯利亚，此俄之所以不振而"沙"之所以终倒也。然爱自由谋革命者乃至十万人之多，囚拘流徙，挫辱惨杀而无悔，此革命之所以终成，而新俄之前途所以正未可量也。遂续成前词以颂之，不更待柏林之革命消息矣。

客子何思？冻雪层冰，北国名都。想乌衣蓝帽，轩昂年少，指挥杀贼，万众欢呼。去独夫"沙"，张自由帜，此意于今果不虚。论代价，有百年文字，多少头颅。

冰天十万囚徒，一万里飞来大赦书。本为"自由"来，今同他去；与民贼战，毕竟谁输！拍手高歌，"新俄万岁！"狂态君休笑老胡。从今后，看这般快事，后起谁欤？

六年四月十七夜

朋 友 篇
——寄怡荪、经农

（将归诗之一）

粗饭还可饱，破衣不算丑。人生无好友，如身无足手。
吾生所交游，益我皆最厚。少年恨污俗，反与污俗偶。
自视六尺躯，不值一杯酒。倘非朋友力，吾醉死已久。
从此谢诸友，立身重抖擞。去国今七年，此意未敢负。
新交遍天下，难细数谁某。所最敬爱者，也有七八九。
学理互分剖，过失赖弹纠。清夜每自思，此身非吾有：
一半属父母，一半属朋友。便即此一念，足鞭策吾后。
今当重归来，为国效奔走。可怜程（乐亭）郑（仲诚）张（希古），
少年骨已朽。作歌谢吾友，泉下人知否？

六年六月一日

文　学　篇
——别叔永、杏佛、觐庄

（将归诗之二）

吾将归国，叔永作诗赠别。有"君归何人劝我诗"之句。因念吾数年来之文学的兴趣，多出于吾友之助。若无叔永、杏佛，定无《去国集》。若无叔永、觐庄，定无《尝试集》。感此作诗别叔永、杏佛、觐庄。

我初来此邦，所志在耕种。文章真小技，救国不中用。
带来千卷书，一一尽分送。种菜与种树，往往来入梦。
*
忽忽复几时，忽大笑吾痴。救国千万事，何事不当为？
而吾性所适，仅有一二宜。逆天而拂性，所得终希微。
*
从此改所业，讲学复议政。故国方新造，纷争久未定。
学以济时艰，要与时相应。文章盛世事，今日何消问？
*
明年任与杨，远道来就我。山城风雪夜，枯坐殊未可。
烹茶更赋诗，有倡还须和。诗炉久灰冷，从此生新火。
*
前年任与梅，联盟成劲敌。与我论文学，经岁犹未歇。
吾敌虽未降，吾志乃更决。暂不与君辩，且著尝试集。
*
回首四年来，积诗可百首。作诗的兴味，大半靠朋友：

佳句共欣赏,论难见忠厚。如今远别去,此乐难再有。

*

暂别不须悲,诸君会当归。请与诸君期:明年荷花时,春申江之湄,有酒盈清卮,无客不能诗,同作归来辞!

六年六月一日

百字令·六年七月三夜，太平洋舟中，见月，有怀

几天风雾，险些儿把月圆时孤负。待得他来，又还被如许浮云遮住！多谢天风，吹开明月，万顷银波怒！孤舟载月，海天冲浪西去！

念我多少故人，如今都在明月飞来处。别后相思如此月，绕遍地球无数！几颗疏星，长天空阔，有湿衣凉露。低头自语："吾乡真在何许？"

一　念

我笑你绕太阳的地球，一日夜只打得一个回旋；
我笑你绕地球的月亮，总不会永远团圆；
我笑你千千万万大大小小的星球，总跳不出自己的轨道线；
我笑你一秒钟行五十万里的无线电，总比不上我区区的心头一念！
我这心头一念：
才从竹竿巷，忽到竹竿尖；
忽在赫贞江上，忽在凯约湖边；
我若真个害刻骨的相思，便一分钟绕遍地球三千万转！

鸽　　子

云淡天高，好一片晚秋天气！
有一群鸽子，在空中游戏。
看他们三三两两，
　回环来往，
　夷犹如意，——
忽地里，翻身映日，白羽衬青天，十分鲜丽！

人力车夫

警察法令,十八岁以下,五十岁以上,皆不得为人力车夫。

"车子!车子!"车来如飞。
客看车夫,忽然中心酸悲。
客问车夫,"你今年几岁?拉车拉了多少时?"
车夫答客,"今年十六,拉过三年车了,你老别多疑。"
客告车夫,"你年纪太小,我不坐你车。我坐你车,我心惨凄。"
车夫告客,"我半日没有生意,我又寒又饥。
你老的好心肠,饱不了我的饿肚皮,
我年纪小拉车,警察还不管,你老又是谁?"……

六年十一月九日夜

老　鸦

一

我大清早起,
站在人家屋角上哑哑的啼
人家讨嫌我,说我不吉利:——
我不能呢呢喃喃讨人家的欢喜!

二

天寒风紧,无枝可栖。
我整日里飞去飞回,整日里又寒又饥。——
我不能带着鞘儿,翁翁央央的替人家飞;
不能叫人家系在竹竿头,赚一把小米!

三溪路上大雪里一个红叶

雪色满空山,抬头忽见你!
我不知何故,心里很欢喜;
踏雪摘下来,夹在小书里;
还想作首诗,写我欢喜的道理。
不料此理很难写,抽出笔来还搁起。

六年十二月二十二日

新婚杂诗（五首）

一

十三年没见面的相思，于今完结。
把一桩桩伤心旧事，从头细说。
你莫说你对不住我，
我也不说我对不住你，——
且牢牢记取这十二月三十夜的中天明月！

二

回首十四年前，
　初春冷雨，
　中村箫鼓，
　有个人来看女婿。
匆匆别后，便轻将爱女相许。
只恨我十年作客，归来迟暮，
到如今，待双双登堂拜母，
只剩得荒草孤坟，斜阳凄楚！
最伤心，不堪重听，灯前人诉，阿母临终语！

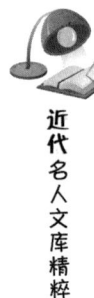

三

与新妇同至江村,归途在杨桃岭上望江村,庙首诸村,及其北诸山。

重山叠嶂,
都似一重重奔涛东向!
山脚下几个村乡,
一百年来多少兴亡,不堪回想!——更不须回想!
想十万万年前,这多少山头,都不过是大海里一些儿微波暗浪!

四

吾订婚江氏,在甲辰年。戊申之秋,两家皆准备婚嫁,吾力阻之,始不果行。然此次所用嫁妆,犹多十年旧物。吾本不欲用爆竹,后以其为吾母十年前所备,不忍不用之。

记得那年,你家办了嫁妆,我家备了新房,只不曾捉到我这个新郎!
这十年来,换了几朝帝王,看了多少兴亡,
锈了你嫁奁中的刀剪,改了你多少嫁衣新样,
更老了你和我人儿一双!——
只有那十年陈的爆竹,越陈偏越响!

五

十几年的相思刚才完结,
没满月的夫妻又匆匆分别。

昨夜灯前絮语,全不管天上月圆月缺。

今宵别后,便觉得这窗前明月,格外清圆,格外亲切!

你该笑我,饱尝了作客情怀,别离滋味,还逃不了这个时节!

七年一月

近代名人文库精粹

老洛伯 "Auld Robin Gray"

序

著者为苏格兰女诗人 Anne Lindsay 夫人（1750—1825）。夫人少年时即以文学见称于哀丁堡。初嫁 Andrew Barnard，夫死，再嫁 James Band Burges。当代文人如 Burke 及 Sheridan 皆与为友。Scott 尤敬礼之。

此诗为夫人二十一岁时所作，匿名刊行。诗出之后，风行全国，终莫知著者为谁也。后五十二年，Scott 于所著小说中偶言及之，而夫人已老，后二年，死矣。

此诗向推为世界情诗之最哀者。全篇作村妇口气，语语率真，此当日之白话诗也。

一

羊儿在栏，牛儿在家，
静悄悄的黑夜，
我的好人儿早在我身边睡了，
我的心头冤苦，都迸作泪如雨下。

34

二

我的吉梅他爱我，要我嫁他。
他那时只有一块银圆，别无什么；
他为了我渡海去作活，
要把银子变成金，好回来娶我。

三

他去了没半月，便跌坏了我的爹爹，病倒了我的妈妈；
剩了一头牛，又被人偷去了。
我的吉梅他只是不回家！
那时老洛伯便来缠着我，要我嫁他。

四

我爹爹不能作活，我妈他又不能纺纱，
我日夜里忙着，如何养得活这一家？
多亏得老洛伯时常帮衬我爹妈，
他说，"锦妮，你看他两口儿份上，嫁了我罢。"

五

我那时回绝了他，我只望吉梅回来讨我。
又谁知海里起了大风波，——
人都说我的吉梅他翻船死了！

只抛下我这苦命的人儿一个!

六

我爹爹再三劝我嫁;
我妈不说话,他只眼睁睁地望着我,
望得我心里好不难过!
我的心儿早已在那大海里,
我只得由他们嫁了我的身子!

七

我嫁了还没多少日子,
那天正孤孤凄凄地坐在大门里,
抬头忽看见吉梅的鬼!——
却原来真是他,他说,"锦妮,我如今回来讨你。"

八

我两人哭着说了许多言语,
我让他亲了一个嘴,便打发他走路。
我恨不得立刻死了,——只是如何死得下去!
天啊!我如何这般命苦!

九

我如今坐也坐不下,哪有心肠纺纱?

我又不敢想着他：
想着他须是一桩罪过。
我只得努力作一个好家婆，
我家老洛伯他并不曾待差了我。

七年三月一夜译

AULD ROBIN GRAY

When the sheep are in the fauld, and the kye at hame,
And a'the warld to rest are gane,
The waes o'my heart fa'in showers frae my é'e,
While my gudeman lies sound by me.

Young Jamie lo'ed me weel, and sought me for his bride;
But saving a croun he had naething else beside:
To make the Croun a pund, young Jamie gaed to sea;
And the croun and the pund were baith for me.

He hadna been awa'a week but only twa,
When my father brak his arm, and the cow was stown awa';
My mother she fell sick, —— and my Jamie at the sea ——
And auld Robin Gray came a‑courtin' me.

My father couldna work, and my mother couldna spin;
I toil, d day and night, but their bread I couldna win;
Auld Rob maintain'd them baith, and wi'tears in his e'e
Said, 'Jennie, for their sakes, O, marry me!'

My heart it said nay; I look'd for Jamie back;
But the wind it blew high, and the ship it was a wrack;
His ship it was a wrack – Why didna Jamie dee?
Or why do I live to cry, Wae's me?

My father urged me sair: my mother didna speak;
But she look'd in my face till my heart was like to break:
They gi'ed him my hand, but my heart was at the sea;
Sae auld Robin Gray he was gudeman to me.

I hadna been a wife a week but only four,
When mournfu'as I sat on the stane at the door,
I saw my Jamie's wraith, —— for I couldna think it he,
Till he said, 'I'm come hame to marry thee.'

O sair, sair did we greet, and muckle did we say;
We took but ae kiss, and I bad him gang away;
I wish that I were dead, but I'm no like to dee:,
And why was I born to say, Wae's me?

I gang like a ghaist, and i carena to spin;
I daurna think on Jamie, for that wad be a sin;
But I'll do my best a gude wife aye to be,
For auld Robin Gray he is kind unto me.

—— Lady Anne Lindsay

四月二十五夜

吹了灯儿,卷开窗幕,放进月光满地。

对着这般月色,教我要睡也如何睡!

我待要起来遮着窗儿,推出月光,又觉得有点对他月亮儿不起。

我终日里讲王充,仲长统,阿里士多德,爱比苦拉斯,……几乎全忘了我自己!

多谢你殷勤好月,提起我过来哀怨,过来情思。

我就千思万想,直到月落天明,也甘心愿意!

怕明朝,云密遮天,风狂打屋,何处能寻你!

看　花

院子里开着两朵玉兰花，三朵月季花；
红的花，紫的花，衬着绿叶，映着日光，怪可爱的。
没人看花，花还是可爱；但是我看花，花也好像更高兴了。
我不看花，也不怎么；但我看花时，我也更高兴了。
还是我因为见了花高兴，故觉得花也高兴呢？
还是因为花见了我高兴，故我也高兴呢？

七年五月

你莫忘记

(参看《太平洋》第十期"劫馀生"通信)

你莫忘记:
  这是我们国家的大兵,
  逼死了三姨,逼死了阿馨,
  逼死了你妻子,枪毙了高升!……
你莫忘记:
  是谁砍掉了你的手指,
  是谁把你老子打成了这个样子!
  是谁烧了这一村,……
哎哟!……火就要烧到这里了,——
你跑罢!莫要同我一齐死!……
回来!……
你莫忘记:
  你老子临死时只指望快快亡国:
  亡给"哥萨克",亡给"普鲁士",——
  都可以,——总该不至——如此!……

七年六月二十八日初稿
七年八月二十三夜改稿
十一年三月十夜改稿

如 梦 令

去年八月作《如梦令》两首:

一

他把门儿深掩,不肯出来相见。
难道不关情?怕是因情生怨。
休怨!休怨!他日凭君发遣。

二

几次曾看小像,几次传书来往,
见见又何妨!休作女孩儿相。
凝想,凝想,想是这般模样!

今年八月与冬秀在京寓夜话,忽忆一年前旧事,遂和前词,成此阕。

天上风吹云破,
月照你我两个。
问你去年时,

为甚闭门深躲?
"谁躲?谁躲?
那是去年的我!"

民国七年

十二月一日奔丧到家

往日归来,才望见竹竿尖,才望见吾村,
便心头乱跳,遥知前面,老亲望我,含泪相迎。
"来了?好呀!"——更无别话,说尽心头欢喜悲酸无限情。
偷回首,揩干泪眼,招呼茶饭,款待归人。

今朝,——
依旧竹竿尖,依旧溪桥,——
只少了我的心头狂跳!——
何消说一世的深恩未报!
何消说十年来的家庭梦想,都一一云散烟消!——
只今日到家时,更何处能寻他那一声"好呀,来了!"

关不住了!

我说"我把心收起,
　像人家把门关了,
叫爱情生生的饿死,
　也许不再和我为难了。"

但是五月的湿风,
　时时从屋顶上吹来;
还有那街心的琴调,
　一阵阵的飞来。
一屋里都是太阳光,
　这时候爱情有点醉了,
他说,"我是关不住的,
　我要把你的心打碎了!"

　　八年二月二十六日译美国 Sara Teasdale 的 Over the Roofs。

希　　望

要是天公换了卿和我,
该把这糊涂世界一齐都打破,
要再磨再炼再调和,
好依着你我的安排,把世界重新造过!

八年二月二十八日译英人 Fitzgerald 所译波斯诗人 Omar Khayyam (d – 1123 A. D.) 的 Rubaiyat（绝句）诗第一百零八首。

Ah! Love, could you and I with Him conspire
To grasp this Sorry Scheme of Things entire,
Would not we shatter it to bits and then
Remould it nearer to the Heart's Desire?

"应该"

他也许爱我,——也许还爱我,——
但他总劝我莫再爱他。
他常常怪我;
这一天,他眼泪汪汪的望着我,
说道:"你如何还想着我?
想着我,你又如何能对他?
你要是当真爱我,
你应该把爱我的心爱他,
你应该把待我的情待他。"
他的话句句都不错:——
上帝帮我!
我"应该"这样作!

八年三月二十日

  我的朋友倪曼陀死后,于今五六年了。今年他的姊妹把他的诗文抄了一份寄来,要我替他编订。曼陀的诗本来是我喜欢读的。内中有"奈何歌"二十首,都是哀情诗,情节很凄惨,我从前竟不曾见过。昨夜细读几遍,觉得曼陀的真情有时被词藻遮住,不能明白流露。因此,我把这里面的第十五、十六两首的意思合起来,作成一首白话诗。曼陀少年早死,他的朋友都痛惜他。我当时听说他是吐血死的,现在读他的未刻诗词,才知道他是为了一种很为难的爱情境地死的。我这首诗也可以算是表章哀情的微意了。

八年三月二十日

送叔永回四川

叔永走时,我曾许他送行诗。后来我的诗没有作成,他已在上海上了船。不料那只船开出吴淞,忽然船底坏了,只好开进船厂修理。他写信告诉我,说还要住几天。我的诗可不能不作了。遂作成这首诗,寄到汉阳杏佛处等他。

一

你还记得绮色佳城,我们的"第二故乡":
山前山后,多少清奇瀑布,
更添上远远的一线湖光;
瀑溪的秋色,西山的落日,
还有那到枕的湍声,夜夜像雨打秋林一样?

二

你还记得
我们暂别又相逢,正是赫贞春好?
记得江楼同远眺,云影渡江来,惊起江头鸥鸟?
记得江边石上,同坐看潮回,浪声遮断人笑?
记得那回同访友,日冷风横,林里陪他听松啸?

三

这回久别再相逢,便又送你归去,未免太匆匆!
多亏得天意多留你两日,使我作得诗成相送。
万一这首诗赶得上远行人,
多替我说声"老任珍重珍重!"

八年四月十八日

一颗星儿

我喜欢你这颗顶大的星儿。
可惜我叫不出你的名字。
平日月明时,月光遮尽了满天星,总不能遮住你。
今天风雨后,闷沉沉的天气,
我望遍天边,寻不见一点半点光明,
回转头来,
只有你在那杨柳高头依旧亮晶晶地。

八年四月二十五夜

"威　权"

"威权"坐在山顶上，
指挥一班铁索锁着的奴隶替他开矿。
他说："你们谁敢倔强？
我要把你们怎么样就怎么样！"

奴隶们作了一万年的工，
头颈上的铁索渐渐的磨断了。
他们说："等到铁索断时，
我们要造反了！"

奴隶们同心合力，
一锄一锄的掘到山脚底。
山脚底挖空了，
"威权"倒撞下来，活活的跌死！

　　八年六月十一夜。是夜陈独秀在北京被捕；半夜后，某报馆电话来，说日本东京有大罢工举动。

小　诗

也想不相思，
　　可免相思苦。
几次细思量，
　　情愿相思苦！

　　有一天我在张慰慈的扇子上，写了两句话："爱情的代价是痛苦，爱情的方法是要忍得住痛苦。"陈独秀引我这两句话，作了一条随感录（《每周评论》二十五号），加上一句按语道："我看不但爱情如此，爱国爱公理也都如此。"这样随感录出版后三日，独秀就被军警捉去了，至今还不曾出来。我又引他的话，作了一条随感录（《每周评论》二十八号），后来我又想这个意思可以入诗，遂用《生查子》词调，作了这首小诗。

八年六月二十八日

自题《藏晖室札记》十五册汇编

从前有怡荪爱你们，
把你们殷勤收起，深深藏好。
于今怡荪死了，谁还这样看待你们？
我怕你们拆散了，故叫订书的把你们装好。
你们不是我一个人作的。
因为怡荪爱看你们，夸奖你们，
故你们是我为怡荪作的，——
是我和怡荪两个人作的。
怡荪死了，你们也停止了。
可怜我的怡荪死了！

八年七月三十日

我 的 儿 子

我实在不要儿子,
儿子自己来了。
"无后主义"的招牌,
于今挂不起来了!

譬如树上开花,
花落偶然结果。
那果便是你,
那树便是我。
树本无心结子,
我也无恩于你。

但是你既来了,
我不能不养你教你,
那是我对人道的义务,
并不是待你的恩谊。
将来你长大时,
莫忘了我怎样教训儿子:
我要你作一个堂堂的人,
不要你作我的孝顺儿子。

七年五月

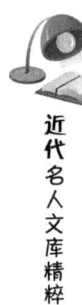

乐　观

《每周评论》于八月三十日被封禁，国内的报纸很多替我们抱不平的。我作这首诗谢谢他们。

一

"这棵大树很可恶，
他碍着我的路！
来！
　　快把他斫倒了，
把树根也掘去。——
　　哈哈！好了！"

二

大树被斫作柴烧，
　　树根不久也烂完了。
斫树的人很得意，
　　他觉得很平安了。

三

但是那树还有许多种子,——
很小的种子,裹在有刺的壳儿里,——
　　上面盖着枯叶,
　　叶上堆着白雪,
很小的东西,谁也不注意。

四

雪消了,
枯叶被春风吹跑了。
　　那有刺的壳都裂开了,
每个上面长出两瓣嫩叶,
笑眯眯的好像是说:
　　"我们又来了!"

五

过了许多年,
坝上田边,都是大树了。
　　辛苦的工人,在树下乘凉;
　　聪明的小鸟,在树上歌唱,——
　　那斫树的人到那里去了?

八年九月二十夜

上　山

（一首忏悔的诗）

"努力！努力！
努力往上跑！"

我头也不回，
汗也不揩，
拚命的爬上山去。

"半山了！努力！
努力往上跑！"
上面已没有路，
我手攀着石上的青藤，
脚尖抵住岩石缝里的小树，
一步一步的爬上山去。

"小心点！努力！
努力往上跑！"
树桩扯破了我的衫袖，
荆棘刺伤了我的双手，
我好容易打开了一线路爬上山去。

上面果然是平坦的路，
有好看的野花，

有遮阴的老树。

但是我可倦了,
衣服都被汗湿遍了,
两条腿都软了。

我在树下睡倒,
闻着那扑鼻的草香,
便昏昏沉沉的睡了一觉。

睡醒来时,天已黑了,
路已行不得了,
"努力"的喊声也灭了。……

猛省!猛省!
我且坐到天明,
明天绝早跑上最高峰,
去看那日出的奇景!

八年九月二十八夜

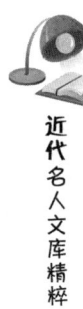

周 岁
——祝《晨报》一年纪念

唱大鼓的唱大鼓,
变戏法的变戏法。
彩棚底下许多男女宾,
挤来挤去热闹煞!

主人抱出小孩子,——
这是他的周岁,——
我们大家围拢来,
给他开庆祝会。

有的祝他多福,
有的祝他多寿。
我也挤上前来,
郑重祝他奋斗。

"我贺你这一杯酒,
恭喜你奋斗了一年;
恭喜你战胜了病鬼,
恭喜你平安健全。"

"我再贺你一杯酒,

祝你奋斗到底:
你要不能战胜病魔,
病魔会战胜了你!"

八年十一月二十七日

一颗遭劫的星

北京《国民公报》响应新思潮最早,遭忌也最深。今年十一月被封,主笔孙几伊君被捕。十二月四日判决,孙君定监禁十四个月的罪。我为这事作这诗。

热极了!
更没有一点风!
那又轻又细的马缨花须,
动也不动一动!

好容易一颗大星出来;
我们知道夜凉将到了:——
仍旧是热,仍旧没有风,
只是我们心里不烦躁了。

忽然一大块黑云,
把那颗清凉光明的星围住;
那块云越积越大,
那颗星再也冲不出去!

乌云越积越大,
遮尽了一天的明霞;
一阵风来,
拳头大的雨点淋漓打下!

大雨过后,
满天的星都放光了。
那颗大星欢迎着他们,
大家齐说"世界更清凉了!"

　　　　　　八年十二月十七日

示　　威？

　　老子说："民不畏死，奈何以死惧之？"这话说了两千五百年，到如今还有杀人先游街示众的事！

　　威武的军人，鲜明的刺刀，
　　排列在总司令部的门口，
　　拦住了车马行人，
　　"过不去！打交民巷走！"

　　里面，一辆露天的大车，
　　装着两三个囚犯。
　　外面，行人踮起脚尖，
　　伸直了脖子看！

　　一个年轻的犯人，
　　——很清秀的相貌——
　　竟站不住了，
　　身子往后跌倒。

　　一个中年的犯人，
　　望着那晕倒的人冷笑；
　　他忽然很悲壮的唱起来，
　　仿佛是说道：

　　"俺作事一人担当，

怕死的不算好汉!
再等俺二十年,
俺又是一条好汉!"

灰色的军衣,黄色黑色的军衣,
——人数数不清楚,——
明晃晃的刺刀,威武的军人,
拥护着那两三个人游街去。

那和气的警察赶开行人:
"上天桥瞧去!"
看的人也彼此招呼:
"咱们天桥瞧热闹去。"

民国九年一月

纪　梦

梦里得他书，
称呼太客气：
上面称先生，
自己称名字。

我初颇介意，
转念还喜欢。
有书终胜无，
远道得书难。

老友久离别，
相思不消说。
三年梦一书，
醒来书也无。

九·六·十

蔚蓝的天上

蔚蓝的天上,
这里那里浮着两三片白云;
暖和的日光
斜照着一层一层的绿树,
斜照着黄澄澄的琉璃瓦:——
只有那望不尽的红墙,
衬得住这些颜色!
下边,
一湖新出水的荷叶,
在凉风里笑的狂抖。
那黝绿的湖水
也吹起几点白浪,
陪着那些笑弯了腰的绿衣女郎微笑!

九·六·二三

近代名人文库精粹

许 怡 荪

序

七月五日，我与子高过中正街，这是死友许怡荪的住处。傍晚与诸位朋友游秦淮河，船遇金陵春，回想去年与怡荪在此吃夜饭，子高、肇南都在座，我们开窗望见秦淮河，那是我第一次见此河；今天第二次见秦淮，怡荪死已一年多了！夜十时我回寓再过中正街，凄然堕泪。人生能得几个好朋友？况怡荪益我最厚，爱我最深，期望我最笃！我到此四日，竟不忍过中正街，今日无意中两次过此，追想去年一月之夜话，那可再得？归寓后作此诗，以写吾哀。

怡荪！
我想象你此时还在此！
你跑出门来接我，
我知道你心里欢喜。
你夸奖我的成功，
我也爱受你的夸奖；
因为我的成功你都有份，
你夸奖我就同我夸奖你一样。

我把一年来的痛苦也告诉了你，
我觉得心里怪轻松了；
因为有你分去了一半，

这担子自然就不同了。

我们谈到半夜,
半夜我还舍不得就走。
我记得你临别时的话:
"适之,大处着眼,小处下手!"……

车子忽然转弯,
打断了我的梦想。
怡荪!
你的朋友还同你在时一样!

外　　交

十点钟了，
有点风了，
我打南京鼓楼下过。
丫！鼓楼的墙头上
那里来的这许多灯火？
原来是七八个火把，
几盏破灯笼，
照着许多泥水匠，
在那里打夜工，
涂补那鼓楼上的红墙！

我们很感谢美国的议员团，
你们这一次来游，
使霉烂的南京也添上一些儿新气象！

九·八·七

一 笑

十几年前，
一个人对我笑了一笑。
我当时不懂得什么，
只觉得他笑的很好。

那个人后来不知怎样了，
只是他那一笑还在：
我不但忘不了他，
还觉得他越久越可爱。
我借他作了许多情诗，
我替他想出种种境地：
有的人读了伤心，
有的人读了欢喜。

欢喜也罢，伤心也罢，
其实只是那一笑。
我也许不会再见着那笑的人，
但我很感谢他笑的真好。

九·八·十二

我们三个朋友

（九·八·二二，赠任叔永与陈莎菲）

（上）

雪全消了，
春将到了，
只是寒威如旧。
冷风怒号，
万松狂啸，
伴着我们三个朋友。

风稍歇了，
人将别了，——
我们三个朋友。
寒流秃树，
溪桥人语，——
此会何时重有？

（下）

别三年了！
月半圆了，

照着一湖荷叶；
照着钟山，
照着台城，
照着高楼清绝。

别三年了，
又是一种山川了，——
依旧我们三个朋友。
此景无双，
此日最难忘，——
让我的新诗祝你们长寿！

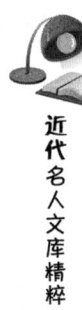

湖　　上

　　九·八·二四，夜游后湖——即玄武湖，——主人王伯秋要我作诗，我竟作不出诗来，只好写一时所见，作了这首小诗。

　　　　水上一个萤火，
　　　　水里一个萤火，
　　　　平排着，
　　　　轻轻地，
　　　　打我们的船边飞过。
　　　　他们俩儿越飞越近，
　　　　渐渐地并作了一个。

艺 术

报载英国第一"莎翁剧家"福北洛柏臣（Forbes – Robertson）（复姓）现在不登台了，他最后的"告别辞"说他自己作戏的秘诀只是一句话："我作戏要作的我自己充分愉快。"这句话不单可适用于作戏，一切艺术都是如此。病中无事，戏引伸这话，作成一首诗。

> 我忍着一副眼泪，
> 扮演了几场苦戏，
> 一会儿替人伤心，
> 一会儿替人着急。
>
> 我是一个多情的人，
> 这副眼泪如何忍得？
> 作到了最伤心处，
> 我的眼泪热滚滚的直滴。
> 台下的人看见了，
> 不住的拍手叫好。
> 他们看他们的戏，
> 那懂得我的烦恼？

九·九·二二

例　外

我把酒和茶都戒了，
近来戒到淡巴菰；
本来还想戒新诗，
只怕我赶诗神不去。

诗神含笑说：
"我来决不累先生。
谢大夫不许你劳神，
他不能禁你偶然高兴。"

他又涎着脸劝我：
"新诗作作何妨？
作得一首好诗成，
抵得吃人参半磅！"

九·十·六　病中

梦 与 诗

都是平常经验，

都是平常影像，

偶然涌到梦中来，

变幻出多少新奇花样！

都是平常情感，

都是平常言语，

偶然碰着个诗人，

变幻出多少新奇诗句！

醉过才知酒浓，

爱过才知情重：——

你不能作我的诗，

正如我不能作你的梦。

[自 跋]

　　这是我的"诗的经验主义"（Poetic empiricism）。简单一句话：作梦尚且要经验作底子，何况作诗？现在人的大毛病就在爱作没有经验作底子的诗。北京一位新诗人说"棒子面一根一根的往嘴里送"；上海一位诗学大

家说"昨日蚕一眠,今日蚕二眠,明日蚕三眠,蚕眠人不眠!"吃面养蚕何尝不是世间最容易的事?但没有这种经验的人,连吃面养蚕都不配说。——何况作诗。

九·一〇·一〇

礼

他死了父亲不肯磕头,
你们大骂他。
他不能行你们的礼,
你们就要打他。

你们都能呢呢啰啰的哭,
他实在忍不住要笑了。
你们都有现成的眼泪,
他可没有,——他只好跑了。

你们串的是什么丑戏,
也配抬出"礼"字的大帽子!
你们也不想想,
究竟死的是谁的老子?

九·十一·二五

十一月二十四夜

老槐树的影子,
在月光的地上微晃;
枣树上还有几个干叶,
时时作出一种没气力的声响。

西山的秋色几回招我,
不幸我被我的病拖住了。
现在他们说我快要好了,
那幽艳的秋天早已过去了。

九·十一·二五

我们的双生日

——赠冬秀

九年十二月十七日,即阴历十一月初八日,是我的阳历生日,又是冬秀的阴历生日。

他干涉我病里看书,
常说,"你又不要命了!"
我又恼他干涉我,
常说:"你闹,我更要病了!"
我们常常这样吵嘴,——
每回吵过也就好了。
今天是我们的双生日,
我们订约,今天不许吵了。

我可忍不住要作一首生日诗。
他喊道,"哼,又作什么诗了!"
要不是我抢的快,
这首诗早被他撕了。

醉　与　爱

沈玄庐说我的诗"醉过才知酒浓,爱过才知情重"的两个"过"字,依他的经验,应该改作"里"字。我戏作这首诗答他。

你醉里何尝知酒力?
你只和衣倒下就睡了。
你醒来自己笑道,
"昨晚当真喝醉了!"
爱里也只是爱,——
和酒醉很相像的。
直到你后来追想,
"哦!爱情原来是这么样的!"

十·一·二七

平民学校校歌

为北京高师平民学校作的。

靠着两只手,
拼得一身血汗,
大家努力作个人,——
不作工的不配吃饭!

作工即是学,
求学即是作工:
大家努力作先锋,
同作有意识的劳动!

十·四·十二

四烈士冢上的没字碑歌

　　辛亥革命时,杨禹昌、张先培、黄之萌用炸弹炸袁世凯,不成而死;彭家珍炸良弼,成功而死。后来中华民国成立了,民国政府把他们合葬在三贝子公园里,名为"四烈士冢"。冢旁有一座四面的碑台,预备给四烈士每人刻碑的。但只有一面刻着杨烈士的碑,其余三面都无一个字。

　　十年五月一夜,我在天津,住在青年会里,梦中游四烈士冢,醒时作此歌。

　　　　他们是谁?
　　　　三个失败的英雄,
　　　　一个成功的好汉!
　　　　　他们的武器:
　　　　　炸弹!炸弹!
　　　　　他们的精神:
　　　　　干!干!干!

　　　　他们干了些什么?
　　　　一弹使奸雄破胆!
　　　　一弹把帝制推翻!
　　　　　他们的武器:
　　　　　炸弹!炸弹!
　　　　　他们的精神:
　　　　　干!干!干!

　　　　他们不能咬文嚼字,

他们不肯痛哭流涕,
他们更不屑长吁短叹!
　　他们的武器:
　　炸弹!炸弹!
　　他们的精神:
　　干!干!干!

他们用不着纪功碑,
他们用不着墓志铭:
死文字赞不了不死汉!
　　他们的纪功碑:
　　炸弹!炸弹!
　　他们的墓志铭:
　　干!干!干!

死　者

为安庆此次被军人刺伤身死的姜高琦作。

　　他身上受了七处刀伤,
　　他微微地一笑,
　　什么都完了!
　　他那曾经沸过的少年血
　　再也不会起波澜了!

　　我们脱下帽子,
　　恭敬这第一个死的。——
　　但我们不要忘记:
　　请愿而死,究竟是可耻的!

　　我们后死的人,
　　尽可以革命而死!
　　尽可以力战而死!
　　但我们希望将来
　　永没有第二人请愿而死!

　　我们低下头来,
　　哀悼这第一个死的。——
　　但我们不要忘记:
　　请愿而死,究竟是可耻的!

双十节的鬼歌

十年了,
他们又来纪念了。
他们借我们,
　出一张红报,
　作几篇文章;
　放一天例假,
　发表一批勋章:
这就是我们的纪念了!

要脸吗?
这难道是革命的纪念吗?
我们那时候,
　威权也不怕,
　生命也不顾;
　监狱作家乡,
　炸弹底下来去:
肯受这种无耻的纪念吗?
别讨厌了!
可以换个法子纪念了。
大家合起来,
　赶掉这群狼,
推翻这鸟政府;

起一个新革命,
造一个好政府:
那才是双十节的纪念了!

十·十·四

希 望

我从山中来，
带得兰花草，
种在小园中，
希望开花好。

一日望三回，
望到花时过；
急坏看花人，
苞也无一个。

眼见秋天到，
移花供在家；
明年春风回，
祝汝满盆花！

十·十·四

晨 星 篇

（送叔永、莎菲到南京）

我们去年那夜，
豁蒙楼上同坐；
月在钟山顶上，
照见我们三个。
我们吹了烛光，
放进月光满地；
我们说话不多，
只觉得许多诗意。

我们作了一首诗，
——一首没有字的诗，——
先写着黑暗的夜，
后写着晨光来迟；
在那欲去未去的夜色里，
我们写着几颗小晨星，
虽没有多人的光明，
也使那早行的人高兴。

钟山上的月色
和我们别了一年多了；
他这回照见你们，
定要笑我们这一年匆匆过了。

他念着我们的旧诗,
问道,"你们的晨星呢?
四百个长夜过去了,
你们造的光明呢?"

我的朋友们,
我们要暂时分别了;
"珍重珍重"的话,
我也不再说了。——
在这欲去未去的夜色里,
努力造几颗小晨星;
虽没有多大的光明,
也使那早行的人高兴!

十·十二·八

散 文 集

中国第一伟人杨斯盛传

兄弟现在又要说一位大豪杰了。这一位豪杰,空了双手,辛辛苦苦作了几十年,积了几十万家私,到了老来,一一的把家私散了大半。来得艰难,去得慷慨,这种人,兄弟要是不来表扬表扬,兄弟这支笔可不是不值钱了么?

这人姓杨,名斯盛,字锦春,是江苏川沙厅人氏。从小父母双亡,无力读书;不但无力读书,差不多连饭都没得吃了。后来只好作一个泥水匠,赚两文钱度度日。看官!我中国的人,有一种怪习气,越是作下等劳动的人,越流落得快。因为生来不大吃得苦,稍吃些苦,便腰驼背胀的了。只好吃两分鸦片烟,喝两口酒,或是买点好小菜,一天辛苦钱,还不够一餐吃喝,那里还会成家立业呢?看官要晓得,这"穷苦"二字,真是一块试金石,随你什么人,须要经过这个关头,才有后来的指望。唉!这些脓包男子,那里经得这块试金石的摩擦。只有我如今所说的"杨斯盛"先生,不震不惊,从容不迫的跳过了这个关口,睁开了眼睛料事,立定了脚跟吃苦,驼起了肩头作工。如此者十几年,才有了立脚之地。回想起初到上海的时候,年纪才得十三岁,那一种孤苦伶仃的景况,真个如同梦境了!

杨斯盛先生有几种本事:第一样天资极高,他原是没有读过书的,后来不但能读中国书,并且能说英国话了。第二样见识甚好,办事极有决断。有了这两种本事,办事自然容易,再加以一种坚忍的气概,独立的精神,自然天下无难事了。于是乎不上三十年中,杨斯盛已成了大富翁了。

列位!你不看见中国的富翁么?一生奸刁诈伪的赚了个把家私,便说道老夫的家私是血汗心力去换来的,如今是要省吃省用的用去才可留下来传给子孙。所以这种人心目中，只认得黄的金子，白的银子，那里敢轻用一钱？哈哈！只好留给他子孙去孝敬那烟馆老板堂子乌龟吧！但是我所说的这位杨先生，却不是这种人。他要是这种人时，他那家私可不知要积到多少万了。他一生一世，遇了什么天灾人事，务必捐出巨款，赈济受害的人；遇了什么公益事业，务必出钱捐助。他生平捐钱造的马路也不知多少条；救活了的人也不知多少人了。他所作的事业，最为人所最崇拜的就是那"破家兴学"一事。

杨先生因为自己少时没有读过多少书，所以他很想造就一班少年人才出来。所以他便捐了十万金，开了一所广明小学，并附设一个师范传习所，后来逐渐扩充，便改为浦东中学，附设两等小学。筑校舍于上海对面之浦东，那学堂中如今已有了二三百人。其中规模之宏大，办法之整严，就是上海开办了多少年的学校也还不及。不料那学校开办不上两年，我们这位可敬可爱可师可法的杨斯盛先生，竟尔死了。可怜他死的时候还说："那学校用的黑板要改良。"这句话还没说完，便死了。唉，可怜啊！

他未死之前，便把家产分为数份，把所有家产的三分之二捐入那学校，此外的家产捐助南市医院，改筑桥梁，捐助旁的学堂。还有许多事业，兄弟说也说不完。余下给子孙仅十分之一耳。看官！这种人是一种什么人？兄弟的"豪杰"二字，能够包括得完么？我们中国古时有个人叫作疏广，他说："子孙若贤，多了钱，便不用功上进了，便灰了他的志向了。子孙若不贤，多了钱，便是助他作恶作歹了！"所以他有好多的黄金，都拿去办了酒食，日日请客，大吃大用，却不传给子孙。中国的人，几千年来都称赞他的好处。看官！他所说的话可是不错，但是他行的事却大错了。他不拿钱去作些济人利物的事，却拿去大吃大喝。一来呢，独乐一身，无益于天下生民。二来呢，饮食醉饱，给子孙作一个败家的榜样。他那里比得上我们这位可敬可爱可法可师的杨先生啊！唉！兄弟这个话，如何可拿去责备几千年前的古人，他那里懂得，只好把来希望列位看官吧！

近代名人文库精粹

中国爱国女杰王昭君传

列位看我这篇传记，一定要奇怪，说这"王昭君"三字，怎么能和这"爱国女杰"四字合在一起呢？那王昭君不是汉朝一个失宠的宫女么？不是受了画工毛延寿的害，不中元帝之意，被元帝派去和番的么？这个人怎么算得爱国的女豪杰呢？列位这种疑心并没有错，不过列位都被那古时作书的人欺骗了几千年，所以如今还说这种话，简直使这位爱国女杰王昭君，受了两千年的冤枉，埋没到如今。我如今既然找得真凭实据，可以证明这位王昭君确是一位爱国女豪杰，断不敢不来表彰一番，使大家来崇拜。这便是在下作这篇昭君传的原因了。

我且先说那旧说。那旧说道，"王昭君是汉元帝时候一个宫人。那时元帝的后宫，人太多了，一时不能看遍。遂召许多画工，把那些宫人的容貌，都图成一册，好照看那册子上的面貌，按图召见。便有那许多宫人，容貌中常的，便在那画工面前行了贿赂，有送十万钱的，也有送五万钱的。只有王昭君不屑作这些苟且无耻的事，那画工不能得钱，便把昭君的容貌画成丑相。后来匈奴（匈奴是汉朝北方一种外族人的种名，时常来扰中国）的单于来朝（单于是匈奴国王的称呼，和中国称王一般），向皇帝求一个美女。元帝翻那画册，只见王昭君的面貌最丑，便许了匈奴，把昭君赐他。到了次日，元帝便召昭君来见，不料竟是一个绝色美人，竟是宫中第一等的美人，一切应对举止，没有一件不好的。元帝心中可惜得了不得。但是既许了匈奴，不便失信于外夷，只得把昭君赐了匈奴。后来元帝心中越想越可惜，便把那些画工都把来杀了。

以上说的，都是从前说王昭君的话头。你想那些画工竟敢在皇帝宫中作起买卖来了，胆子也算大极了。况且元帝既见之后，又何尝不可把别人来代替他？所以这种话都是靠不住的。我如今所引证的，也是从古书上来的，并不是无稽之谈。列位且听我道来。

王昭君，名嫱，是蜀郡秭归人氏。他父亲叫王穰，所生只有昭君一女。昭君自幼便和平常女儿家不同，一切举动都合礼法。长成的时候，生得秀外慧中，绝代丰姿，真个宋玉说的"增一分则太长，减一分则太短，傅粉则太白，涂脂则太赤"。再加之幽娴贞静，所以不到十七岁，便早已通国闻名的了。及笄以后，那些世家王孙来求婚的，真个不计其数。他父亲总不肯许。恰巧那时元帝选良家女子入宫，王穰听了这个消息，便来与女儿说知，想要把昭君送进宫去。王昭君听了这话，心中自己估量，自思自己的父亲只生一女，古语道得好，"生女不生男，缓急非所益"，父母生我一场，难道亲恩未报，就此罢了不成？如今不如趁这机会，进得宫去，或者得了天子恩宠，得为昭仪或是婕妤，那时可不是连我的父母祖宗都有了光荣，也不枉父母生我一场。主意已定，便极力赞成王穰的说话。王穰见女儿情愿，便把昭君献入宫去。看官要晓得，这原是昭君一片孝心，作作那光耀门楣的女儿。那里晓得皇帝的深宫，是一个最凄惨最可怜的地方，古来许多诗人作的许多宫怨的诗词，已是写得穷形尽致的了。更有那《红楼梦》上说的，有一位贾元妃，对他父亲说，"当日送我到那不见人的去处"，你看这十二个字，写得多少凄怆呜咽，人尚且不能见，什么生人的乐趣，更不用说自然是没有的了。那宫中几千宫女，个个抬起头来，望着皇帝来临，甚至于有用竹叶插门、盐水洒地，来引皇帝的羊车的。其实好好一个人，到了这种地方，除了卑鄙龌龊苟且逢迎之外，那里还想得天子的顾盼？唉，这种卑鄙污下的行为，岂是我们这位爱国女杰王昭君作得到的么？昭君到了这个地方，看了这种行为，心想自己容貌虽好，品行虽好，终究不能得天子的宠遇，休说宠遇，简直连天子的颜色都不大望得见了。要是照这样下去，还不是到头作一个白发宫人么？昭君想到这里，自然要蛾眉紧蹙、珠泪常垂的了。

看官要记清，上面所说的，都是王昭君入宫的历史。如今要说那王昭君爱国的历史了。看官须晓得，汉朝一代，最大的边患便是那匈奴，从汉高祖以来，常常入寇中国，弄得中国边境年年出兵，民不聊生。宣帝的时候，匈奴内乱，自相争杀，遂分成两国，一边是呼韩邪单于，一边是郅支单于。后来汉朝帮助呼韩邪，攻杀郅支，呼韩邪单于大喜，遂来中国，入朝朝觐。那时正是汉元帝竟宁元年。那时便是王昭君立功的时代了。

那时呼韩邪来朝，先谢皇帝复国的恩典，便说："小臣得天子威灵，

得有今日,从此以后,断不敢再萌异心。如今想求皇帝赐一个中国女子给臣,使小臣生为汉朝的臣子,又作汉朝的女婿,子孙便作汉朝的外甥。从此匈奴可不是永永成了天朝的外臣了么?"皇帝听了呼韩邪的话,心中很喜欢,只是一件,那匈奴远在长城之外,胡天万里,冰霜遍地,沙漠匝天。住的是韦铺毳幕,吃的是膻肉酪浆。那种苦况,这些娇滴滴的宫娃,那里受得起。谁肯舍了这柏梁建章的宫殿,去吃这种惨不可言的苦况呢?想到这里,心里便踌躇起来了。便叫内监,把全宫的宫人都宣上殿来。不多一会儿,那金殿上,便黑压压地到了无数如花似玉的宫人。元帝便问道,"如今匈奴的国王,要求朕赐一女子给他,你们如有愿去匈奴的,可走出来。"连问了几遍,那些宫人面面相觑,没有一个敢答应的。那时王昭君也在其内,听了皇帝的话,看了大家的情形,晓得大众的意思,都是偷安旦夕,全不顾大局的安危,心里便老大不自在。心想我王嫱入宫已有几年了,长门之怨自不消说,与其作个碌碌无为的上阳宫人,何如轰轰烈烈作一个和亲的公主。我自己的姿容或者能够感动匈奴的单于,使他永远作汉朝的臣子,一来呢,可以增进大汉的国威,二来呢,使两国永永休兵罢战,也免了那边境上年年生民涂炭之苦。将来汉史上即使不说我的功勋,难道那边塞上的口碑,也把我埋没了么?想到这里,更觉得这事竟是我王嫱义不容辞的责任了!昭君主意已定,叹了一口气,黯然立起身来,颤巍巍地走出班来,说"臣妾王嫱愿去匈奴"。那时元帝看见没有人肯去,正在狐疑的时候,忽见人丛里走出这么一位倾城倾国绝代无双的美人来,定睛一看,竟是宫中第一个绝色美人,而且是平日没有见过的。这时候元帝又惊又喜,又怜又惜,惊的是宫中竟有这么一个美人,喜的是这位美人竟肯远去匈奴,怜的是这位美人怎禁得起那万里长征的苦楚,惜的是宫中有了这个美人,却不曾享受得,便把去送与匈奴,岂不可惜,岂不可惜么?皇帝心中虽是可惜,然而那时匈奴的使臣,陪着呼韩邪单于,都在殿上,昭君的美貌,是满朝都看见了的,昭君的言语,是都听见了的,到了这时候,唉,虽有天子的威力,大汉的国势,也不能挽回这事了。元帝到了这时候,一时没得法了,只好把昭君赐了匈奴。从此以后,我们这位爱国女杰王昭君,便作了匈奴呼韩邪单于的大阏支(阏支的意思,和我们中国称王后一般)了。

呼韩邪单于得了王昭君,快活极了。那时汉元帝封昭君为宁胡阏支,这"宁胡"二字，便是"安抚胡人"的意思。果然一个王昭君，竟胜似千百万雄兵，从此以后，胡也宁了，汉也宁了。那时呼韩邪单于便和昭君回到匈奴，一路上经过许多平沙大漠，呼韩邪便叫匈奴的乐士在马上弹起琵琶来，叫昭君一路行一路听着，免得他生思乡之念。不多时昭君到了匈奴。匈奴便年年进贡，永永作汉朝的外臣。于是汉朝的国威远及西北诸国，从元帝到成帝、哀帝、平帝，一直到王莽篡汉的时候。那时呼韩邪也死了，昭君也死了，他子孙作单于的都说，我国世世为汉朝的外甥，如今天子已非刘氏，如何作他的藩属？于是匈奴遂不进贡了，遂独立了。可见这都是这位爱国女杰王昭君的功劳。这便是王昭君的爱国历史。我们中国几千年以来，人人都可怜王昭君出塞和番的苦楚，却没有一个人晓得赞叹王昭君的爱国苦心的。唉，怎么对得住王昭君呀，那真是对不住王昭君了！

归国杂感

我在美国动身的时候,有许多朋友对我道:"密司忒胡,你和中国别了七个足年了,这七年之中,中国已经革了三次的命,朝代也换了几个了,真个是一日千里的进步。你回去时,恐怕要不认得那七年前的老大帝国了。"我笑着对他们说道:"列位不用替我担忧。我们中国正恐怕进步太快,我们留学生回去要不认得他了,所以他走上几步,又退回几步。他正在那里回头等我们回去认旧相识呢。"

这话并不是戏言,乃是真话。我每每劝人回国时莫存大希望;希望越大,失望越大。所以我自己回国时,并不曾怀什么大希望。果然船到了横滨,便听得张勋复辟的消息。如今在中国已住了四个月了,所见所闻,果然不出我所料。七年没见面的中国还是七年前的老相识!到上海的时候,有一天,一位朋友拉我到大舞台去看戏。我走进去坐了两点钟,出来的时候,对我的朋友说道:"这个大舞台真正是中国的一个绝妙的缩本模型。你看这大舞台三个字岂不很新?外面的房屋岂不是洋房?这里面的座位和戏台上的布景装潢又岂不是西洋新式?但是作戏的人都不过是赵如泉、沈韵秋、万盏灯、何家声、何金寿这些人。没有一个不是二十年前的旧古董!我十三岁到上海的时候,他们已成了老角色了。如今又隔了十三年了,却还是他们在台上撑场面。这十三年造出来的新角色都到那里去了呢?你再看那台上作的《举鼎观画》。那祖先堂上的布景,岂不很完备?只是那小薛蛟拿了那老头儿的书信,就此跨马加鞭,却忘记了台上布的景是一座祖先堂!又看那出《四进士》,台上布景,明明有了门了,那宋士杰却还要作手势去关那没有的门!上公堂时,还要跨那没有的门槛!你看这二十年前的旧古董在二十世纪的大舞台上作戏;装上了二十世纪的新布景,却偏要作那二十年前的旧手脚!这不是一副绝妙的中国现势图吗?"

我在上海住了十二天,在内地住了一个月,在北京住了两个月,在路上走了二十天,看了两件大进步的事:第一件是"三炮台"的纸烟,居然行到我们徽州去了;第二件是"扑克"牌居然比麻雀牌还要时髦了。"三炮头"纸烟还不算希奇,只有那"扑克"牌何以会这样风行呢?有许多老先生向来学A、B、C、D,是很不行的,如今打起"扑克"来,也会说"恩德""累死""接客倭彭"了!这些怪不好记的名词,何以会这样容易上口呢?他们学这些名词这样容易,何以学正经的A、B、C、D,又那样蠢呢?我想这里面很有可以研究的道理。新思想行不到徽州,恐怕是因为新思想没有"三炮台"那样中吃吧?A、B、C、D,不容易教,恐怕是因为教的人不得其法吧?

我第一次走过四马路,就看见了三部教"扑克"的书。我心想"扑克"的书已有这许多了,那别种有用的书,自然更不少了,所以我就花了一天的工夫,专去调查上海的出版界。我是学哲学的,自然先寻哲学的书。不料这几年来,中国竟可以算得没有出过一部哲学书。找来找去,找到一部《中国哲学史》,内中王阳明占了四大页,《洪范》倒占了八页!还说了些"孔子既受天之命""与天地合德"的话。又看见一部《韩非子精华》,删去了《五蠹》和《显学》两篇,竟成了一部《韩非子糟粕》了。文学书内,只有一部王国维的《宋元戏曲史》是很好的。又看见一家书目上有翻译的莎士比亚剧本,找来一看,原来把会话体的戏剧,都改作了《聊斋志异》体的叙事古文!又看见一部《妇女文学史》,内中苏蕙的回文诗足足占了六十页!又看见《饮冰室丛著》内有《墨学微》一书,我是喜欢看看墨家的书的人,自然心中很高兴。不料抽出来一看,原来是任公先生十四年前的旧作,不曾改了一个字!此外只有一部《中国外交史》,可算是一部好书,如今居然到了三版了。这件事还可以使人乐观。此外那些新出版的小说,看来看去,实在找不出一部可看的小说。有人对我说,如今最风行的是一部《新华春梦记》,这也可以想见中国小说界的程度了。

总而言之,上海的出版界——中国的出版界——这七年来简直没有两三部以上可看的书!不但高等学问的书一部都没有,就是要找一部轮船上火车上消遣的书,也找不出!(后来我寻来寻去,只寻得一部吴稚晖先生

的《上下古今谈》,带到芜湖路上去看)。我看了这个怪现状,真可以放声大哭。如今的中国人,肚子饿了,还有些施粥的厂把粥给他们吃。只是那些脑子叫饿的人可真没有东西吃了。难道可以把《九尾龟》《十尾龟》来充饥吗?

中文书籍既是如此,我又去调查现在市上最通行的英文书籍。看来看去,都是些什么莎士比亚的《威尼斯商人》《麦克白传》、阿狄生的《文报选录》、戈司密的《威克斐牧师》、欧文的《见闻杂记》……大概都是些十七世纪十八世纪的书。内中有几部十九世纪的书,也不过是欧文、迭更司、司各脱、麦考来几个人的书,都是和现在欧美的新思潮毫无关系的。怪不得我后来问起一位有名的英文教习,竟连 Bernard Shaw 的名字也不曾听见过,不要说 Tchekov 和 Andreyev 了。我想这都是现在一班教会学堂出身的英文教习的罪过。这些英文教习,只会用他们先生教过的课本,他们的先生又只会用他们先生的先生教过的课本。所以现在中国学堂所用的英文书籍,大概都是教会先生的太老师或太太老师们教过的课本!怪不得和现在的思想潮流绝无关系了。

有人说,思想是一件事,文字又是一件事,学英文的人何必要读与现代新思潮有关系的书呢?这话似乎有理,其实不然。我们中国学英文,和英国美国的小孩子学英文,是两样的。我们学西洋文字,不单是要认得几个洋字,会说几句洋话,我们的目的在于输入西洋的学术思想,所以我以为中国学校教授西洋文字,应该用一种"一箭射双雕"的方法,把"思想"和"文字"同时并教。例如教散文,与其用欧文的《见闻杂记》,或阿狄生的《文报选录》,不如用赫胥黎的《进化杂论》。又如教戏曲,与其教莎士比亚的《威尼斯商人》,不如用 Bernard Shaw 的 Androcles and the Lion 或是 Galsworthy 的 Strife 或 Justice。又如教长篇的文字,与其教麦考来的《约翰生行述》不如教弥尔的《群己权界论》。……我写到这里,忽然想起日本东京丸善书店的英文书目。那书目上,凡是英美两国一年前出版的新书,大概都有。我把这书目和商务书馆与伊文思书馆的书目一比较,我几乎要羞死了。

我回中国所见的怪现状,最普通的是"时间不值钱"。中国人吃了饭没有事作，不是打麻雀，便是打"扑克"。有的人走上茶馆，泡了一碗茶，便是一天了。有的人拿一只鸟儿到处逛逛，也是一天了。更可笑的是朋友去看朋友，一坐下便生了根了，再也不肯走。有事商议，或是有话谈论，倒也罢了。其实并没有可议的事，可说的话。我有一天在一位朋友处有事，忽然来了两位客，是□□馆的人员。我的朋友走出去会客，我因为事没有完，便在他房里等他。我以为这两位客一定是来商议这□□馆中什么要事的。不料我听得他们开口道："□□先生，今回是打津浦火车来的，还是坐轮船来的？"我的朋友说是坐轮船来的。这两位客接着便说轮船怎样不便，怎样迟缓。又从轮船上谈到铁路上，从铁路上又谈到现在中交两银行的钞洋跌价。因此又谈到梁任公的财政本领，又谈到梁士诒的行踪去迹……谈了一点多钟，没有谈上一句要紧的话。后来我等的没法了，只好叫听差去请我的朋友。那两位客还不知趣，不肯就走。我不得已，只好跑了，让我的朋友去领教他们的"二梁优劣论"吧！

美国有一位大贤名弗兰克令（Benjamin Franklin）的，曾说道："时间乃是造成生命的东西。"时间不值钱，生命仍然也不值钱了。上海那些拣茶叶的女工，一天拣到黑，至多不过得二百个钱，少的不过得五六十钱。茶叶店的伙计，一天作十六七点钟的工，一个月平均只拿得两三块钱！还有那些工厂的工人，更不用说了。还有那些更下等、更苦痛的工作，更不用说了。人力那样不值钱，所以卫生也不讲究，医药也不讲究。我在北京上海看那些小店铺里和穷人家里的种种不卫生，真是一个黑暗世界。至于道路的不洁净，瘟疫的流行，更不消说了。最可怪的是无论阿猫阿狗都可挂牌医病，医死了人，也没有人怨恨，也没有人干涉。人命的不值钱，真可算得到了极端了。

现今的人都说教育可以救种种的弊病。但是依我看来，中国的教育，不但不能救亡，简直可以亡国。我有十几年没到内地去了，这回回去，自然去看看那些学堂。学堂的课程表，看来何尝不完备？体操也有，图画也有，英文也有。那些国文、修身之类，更不用说了。但是学堂的弊病，却正在这课程完备上。例如我们家乡的小学堂，经费自然不充足了，却也要每年花六十块钱去请一个中学堂学生兼教英文唱歌。又花二十块钱买一架

风琴。我心想,这六十块一年的英文教习,能教什么英文?教的英文,在我们山里的小地方,又有什么用处?至于那音乐一科,更无道理了。请问那种学堂的音乐,还是可以增进"美感"呢?还是可以增进音乐知识呢?若果然要教音乐,为什么不去村乡里找一个会吹笛子唱昆腔的人来教。为什么一定要用那实在不中听的二十块钱的风琴呢?那些穷人的子弟学了音乐回家,能买得起一架风琴来练习他所学的音乐知识吗?我真是莫名其妙了。所以我在内地常说:"列位办学堂,尽不必问教育部规程是什么,须先问这块地方上最需要的是什么。譬如我们这里最需要的是农家常识,蚕桑常识,商业常识,卫生常识,列位却把修身教科书去教他们作圣贤!又把二十块钱的风琴去教他们学音乐!又请一位六十块钱一年的教习教他们的英文!列位自己想想看,这样的教育,造得出怎么样的人才?所以我奉劝列位办学堂,切莫注重课程的完备,须要注意课程的实用。尽不必去巴结视学员,且去巴结那些小百姓。视学员说这个学堂好,是没有用的。须要小百姓都肯把他们的子弟送来上学,那才是教育有成效了。"

以上说的是小学堂。至于那些中学校的成绩,更可怕了。我遇见一位省立法政学堂的本科学生,谈了一会,他忽然问道:"听说东文是和英文差不多的,这话可真吗?"我已经大诧异了。后来他听我说日本人总有些岛国习气,忽然问道:"原来日本也在海岛上吗?"……这个固然是一个极端的例。但是如今中学堂毕业的人才,高又高不得,低又低不得,竟成了一种无能的游民。这都由于学校里所教的功课,和社会上的需要毫无关涉。所以学校只管多,教育只管兴,社会上的工人、伙计、账房、警察、兵士、农夫……还只是用没有受过教育的人。社会所需要的是作事的人才,学堂所造成的是不会作事又不肯作事的人才,这种教育不是亡国的教育吗?

我说我的"归国杂感",提起笔来,便写了三四千字。说的都是些很可以悲观的话。但是我却并不是悲观的人。我以为这二十年来中国并不是完全没有进步,不过惰性太大,向前三步又退回两步,所以到如今还是这个样子。我这回回家寻出了一部叶德辉的《翼教丛编》,读了一遍,才知道这二十年的中国实在已经有了许多大进步。不到二十年前,那些老先生们，如叶德辉王益吾之流，出了死力去驳康有为，所以这书叫作《翼教丛编》。我们今日也痛骂康有为。但二十年前的中国，骂康有为太新；二十年后的中国却骂康有为太旧。如今康有为没有皇帝可保了，很可以作一部《翼教续编》来骂陈独秀了。这两部"翼教"的书的不同之处便是中国二十年来的进步了。

民国七年一月

贞 操 问 题

一

周作人先生所译的日本与谢野晶子的《贞操论》(《新青年》四卷五号),我读了很有感触。这个问题,在世界上受了几千年的无意识的迷信,到近几十年中,方才有些西洋学者正式讨论这问题的真意义。文学家如易卜生的《群鬼》和 Thomas Hardy 的《苔史》(Tess),都带着讨论这个问题。如今家庭专制最利害的日本居然也有这样大胆的议论!这是东方文明史上一件极可贺的事。

当周先生翻译这篇文字的时候,北京一家很有价值的报纸登出一篇恰相反的文章。这篇文章是海宁朱尔迈的《会葬唐烈妇记》(七月二十三四日北京《中华新报》)。上半篇写唐烈妇之死如下:

> 唐烈妇之死,所阋灰水,钱卤,投河,雉经者五,前后绝食者三;又益之以砒霜,则其亲试乎杀人之方者凡九。自除夕上溯其夫亡之夕,凡九十有八日。夫以九死之惨毒,又历九十八日之长,非所称百挫千折有进而无退者乎?……

下文又借出一件"俞氏女守节"的事来替唐烈妇作陪衬:

> 女年十九,受海盐张氏聘,未于归,夫夭,女即绝食七日;家人劝之力,始进糜曰,"吾即生,必至张氏,宁服丧三年,然后归报地下。"

最妙的是朱尔迈的论断：

> 嗟乎，俞氏女盖闻烈妇之风而兴起者乎？……俞氏女果能死于绝食七日之内岂不甚幸？乃为家人阻之，俞氏女亦以三年为己任，余正恐三年之间，凡一千八十日有奇，非如烈妇之九十八日也。且绝食之后，其家人防之者百端，……虽有死之志，而无死之间，可奈何？烈妇倘能阴相之以成其节，风化所关，猗欤甚矣！

这种议论简直是全无心肝的贞操论。俞氏女还不曾出嫁，不过因为信了那种荒谬的贞操迷信，想作那"青史上留名的事"，所以绝食寻死，想作烈女。这位朱先生要维持风化，所以忍心害理的巴望那位烈妇的英灵来帮助俞氏女赶快死了，"岂不甚幸"！这种议论可算得贞操迷信的极端代表。《儒林外史》里面的王玉辉看他女儿殉夫死了，不但不哀痛，反仰天大笑道："死得好！死得好！"（五十二回）王玉辉的女儿殉已嫁之夫，尚在情理之中。王玉辉自己"生这女儿为伦纪生色"，他看他女儿死了反觉高兴，已不在情理之中了。至于这位朱先生巴望别人家的女儿替他未婚夫作烈女，说出那种"猗欤甚哉"的全无心肝的话，可不是贞操迷信的极端代表吗？

贞操问题之中，第一无道理的，便是这个替未婚夫守节和殉烈的风俗。在文明国里，男女用自由意志，由高尚的恋爱，订了婚约，有时男的或女的不幸死了，剩下的那一个因为生时爱情太深，故情愿不再婚嫁，这是合情理的事。若在婚姻不自由之国，男女订婚以后，女的还不知男的面长面短，有何情爱可言？不料竟有一种陋儒，用"青史上留名的事"来鼓励无知女儿作烈女，"为伦纪生色"，"风化所关，猗欤甚矣！"我以为我们今日若要作具体的贞操论，第一步就该反对这种忍心害理的烈女论，要渐渐养成一种舆论，不但永不把这种行为看作"猗欤甚矣"可旌表褒扬的事，还要公认这是不合人情、不合天理的罪恶；还要公认劝人作烈女，罪等于故意杀人。

这不过是贞操问题的一方面。这个问题的真相，已经与谢野晶子说得很明白了。他提出几个疑问，内中有一条是："贞操是否单是女子必要的道德，还是男女都必要的呢？"这个疑问，在中国更为重要。中国的男子

要他们的妻子替他们守贞守节,他们自己却公然嫖妓,公然纳妾,公然"吊膀子"。再嫁的妇人在社会上几乎没有社交的资格;再婚的男子,多妻的男子,却一毫不损失他们的身份。这不是最不平等的事吗?怪不得古人要请"周婆制礼"来补救"周公制礼"的不平等了。

我不是说,因为男子嫖妓,女子便该偷汉;也不是说,因为老爷有姨太太,太太便该有姨老爷。我说的是,男子嫖妓,与妇人偷汉,犯的是同等的罪恶;老爷纳妾,与太太偷人,犯的也是同等的罪恶。

为什么呢?因为贞操不是个人的事,乃是人对人的事;不是一方面的事,乃是双方面的事。女子尊重男子的爱情,心思专一,不肯再爱别人,这就是贞操。贞操是一个"人"对别一个"人"的一种态度。因为如此,男子对于女子,也该有同等的态度。若男子不能照样还敬,他就是不配受这种贞操的待遇。这并不是外国进口的妖言,这乃是孔丘说的"己所不欲,勿施于人"。孔丘说:

君子之道四,丘未能一焉:所求乎子以事父,未能也;所求乎臣以事君,未能也;所求乎弟以事兄,未能也;所求乎朋友,先施之,未能也。

孔丘五伦之中,只说了四伦,未免有点欠缺。他理该加上一句道:

所求乎吾妇,先施之,未能也。

这才是大公无私的圣人之道!

二

我这篇文字刚才作完,又在上海报上看见陈烈女殉夫的事。今先记此事大略如下:

陈烈女名宛珍,绍兴县人,三世居上海。年十七,字王远甫之子菁士。菁士于本年三月廿三日病死，年十八岁。陈女闻死耗，即沐浴更衣，潜自仰药。其家人觉察，仓皇施救，已无及。女乃泫然曰："儿志早决，生虽未获见夫，殁或相从地下……"言讫，遂死，死时距其未婚夫之死仅三时而已（此据上海绍兴同乡会所出征文启）。

过了两天，又见上海县知事呈江苏省长请予褒扬的呈文，中说：

呈为陈烈女行实可风，造册具书证明，请予按例褒扬事。……（事实略）……兹据呈称，……并开具事实，附送褒扬费银六元前来。……知事复查无异。除先给予"贞烈可风"匾额，以资旌表外，谨援《褒扬条例》……之规定，造具清册，并附证明书，连同褒扬费，一并备文呈送，仰祈鉴核，俯赐咨行内务部将陈烈女按例褒扬，实为德便。

我读了这篇呈文，方才知道我们中华民国居然还有什么《褒扬条例》。于是我把那些条例寻来一看，只见第一条九种可褒扬的行谊的第二款便是"妇女节烈贞操可以风世者"；第七款是"著述书籍，制造器用，于学术技艺或发明或改良之功者"；第九款是"年逾百岁者"！一个人偶然活到了一百岁，居然也可以与学术技艺上的著作发明享受同等的褒扬！这已是不伦不类可笑得很了。再看那条例《施行细则》解释第一条第二款的"妇女节烈贞操可以风世者"如下：

第二条：《褒扬条例》第一条第二款所称之"节"妇，其守节年限自三十岁以前守节至五十岁以后者。但年未五十而身故，其守节已及六年者同。

第三条：同条款所称之"烈"妇"烈"女，凡遇强暴不从致死，或羞忿自尽，及夫亡殉节者，属之。

第四条：同条款所称之"贞"女，守贞年限与节妇同。其在夫家守贞身故，及未符年例而身故者，亦属之。

以上各条乃是中国贞操问题的中心点。第二条褒扬"自三十岁以前守

节至五十岁以后"的节妇,是中国法律明明认三十岁以下的寡妇不该再嫁;再嫁为不道德。第三条褒扬"夫亡殉节"的烈妇烈女,是中国法律明明鼓励妇人自杀以殉夫;明明鼓励未嫁女子自杀以殉未嫁之夫。第四条褒扬未嫁女子替未婚亡夫守贞二十年以上,是中国法律明明说未嫁而丧夫的女子不该再嫁人,再嫁便是不道德。

这是中国法律对于贞操问题的规定。

依我个人的意思看来,这三种规定都没有成立的理由。

第一,寡妇再嫁问题　这全是一个个人问题。妇人若是对他已死的丈夫真有割不断的情义,他自己不忍再嫁;或是已有了孩子,不肯再嫁;或是年纪已大,不能再嫁;或是家道殷实,不愁衣食,不必再嫁;——妇人处于这种境地,自然守节不嫁。还有一些妇人,对他丈夫,或有怨心,或无恩意,年纪又轻,不肯抛弃人生正当的家庭快乐;或是没有儿女,家又贫苦,不能度日;——妇人处于这种境遇没有守节的理由,为个人计,为社会计,为人道计,都该劝他改嫁。贞操乃是夫妇相待的一种态度。夫妇之间爱情深了,恩谊厚了,无论谁生谁死,无论生时死后,都不忍把这爱情移于别人,这便是贞操。夫妻之间若没有爱情恩意,即没有贞操可说。若不问夫妇之间有无可以永久不变的爱情,若不问作丈夫的配不配受他妻子的操贞,只晓得主张作妻子的总该替他丈夫守节;这是一偏的贞操论,这是不合人情公理的伦理。再者,贞操的道德,"照各人境遇体质的不同,有时能守,有时不能守;在甲能守,在乙不能守。"(用与谢野晶子的话)若不问个人的境遇体质,只晓得说"忠臣不事二君,烈女不更二夫";只晓得说"饿死事极小,失节事极大"(用程子语);这是忍心害理、男子专制的贞操论。——以上所说,大旨只要指出寡妇应否再嫁全是个人问题,有个人恩情上、体质上、家计上种种不同的理由,不可偏于一方面主张不近情理的守节。因为如此,故我极端反对国家用法律的规定来褒扬守节不嫁的寡妇。褒扬守节的寡妇,即是说寡妇再嫁为不道德,即是主张一偏的贞操论。法律既不能断定寡妇再嫁为不道德,即不该褒扬不嫁的寡妇。

第二,烈妇殉夫问题　寡妇守节最正当的理由是夫妇间的爱情。妇人殉夫最正当的理由也是夫妇间的爱情。爱情深了,生离尚且不能堪,何况死别?再加以宗教的迷信,以为死后可以夫妇团圆。因此有许多妇人,夫死之后,情愿杀身从夫于地下。这个不属于贞操问题。但我以为无论如何，这也是个人恩爱问题，应由个人自由意志去决定。无论如何，法律总不该正式褒扬妇人自杀殉夫的举动。一来呢，殉夫既由于个人的恩爱，何须用法律来褒扬鼓励？二来呢，殉夫若由于死后团圆的迷信，更不该有法律的褒扬了。三来呢，若用法律来褒扬殉夫的烈妇，有一些好名的妇人，便要借此博一个"青史留名"；是法律的褒扬反发生一种沽名钓誉、作伪不诚的行为了！

第三，贞女烈女问题　未嫁而夫死的女子，守贞不嫁的，是"贞女"；杀身殉夫的是"烈女"。我上文说过，夫妇之间若没有恩爱，即没有贞操可说。依此看来，那未嫁的女子，对于他丈夫有何恩爱？既无恩爱，更有何贞操可守？我说到这里，有个朋友驳我道，"这话别人说了还可，胡适之可不该说这话。为什么呢？你自己曾作过一首诗，诗里有一段道：

我不认得他，他不认得我，我却常念他，这是为什么？
岂不因我们，分定常相亲？由分生情意，所以非路人。
海外土生子，生不识故里，终有故乡情，其理亦如此。

依你这诗的理论看来，岂不是已订婚而未嫁娶的男女因为名分已定，也会有一种情意。既有了情意，自然发生贞操问题。你如今又说未婚嫁的男女没有恩爱，故也没有贞操可说，可不是自相矛盾吗？"

我听了这段驳论，几乎开口不得。想了一想，我才回答道：我那首诗所说名分上发生的情意，自然是有的；若没有那种名分上的情意，中国的旧式婚姻决不能存在。如旧日女子听人说他未婚夫的事，即面红害羞，即留神注意，可见他对他未婚夫实有这种名分上所发生的情谊。但这种情谊完全属于理想的。这种理想的情谊往往因实际上的反证，遂完全消灭。如女子悬想一个可爱的丈夫，及到嫁时，只见一个极下流不堪的男子，他如何能坚持那从前理想中的情谊呢？我承认名分可以发生一种情谊，我并且希望一切名分都能发生相当的情谊。但这种理想的情谊，依我看来实在不够发生终身不嫁的贞操，更不够发生杀身殉夫的节烈。即使我更让一步，承认中国有些女子，例如吴趼人，《恨海》里那个浪子的聘妻，深中了圣贤经传的毒，由名分上真能生出极浓挚的情谊，无论他未婚夫如何淫荡，人格如何堕落，依旧贞一不变。试问我们在这个文明时代，是否应该赞成

提倡这种盲从的贞操？这种盲从的贞操，只值得一句"其愚不可及也"的评论，却不值得法律的褒扬。法律既许未嫁的女子夫死再嫁，便不该褒扬处女守贞。至于法律褒扬无辜女子自杀以殉不曾见面的丈夫，那更是男子专制时代的风俗，不该存在于现今的世界。

总而言之，我对于中国人的贞操问题，有三层意见。

第一，这个问题，从前的人都看作"天经地义"，一味盲从，全不研究"贞操"两字究竟有何意义。我们生在今日，无论提倡何种道德，总该想想那种道德的真意义是什么。墨子说得好：

子墨子问于儒者曰，"何故为乐？"曰，"乐以为乐也。"子墨子曰，"子未我应也。今我问曰，'何故为室？'曰，'冬避寒焉，夏避暑焉，室以为男女之别也'，则子告我为室之故矣。今我问曰，'何故为乐？'曰'乐以为乐也。'是犹曰，'何故为室？'曰，'室以为室也。'"（公孟篇）

今试问人"贞操是什么？"或"为什么你褒扬贞操？"他一定回答道，"贞操就是贞操。我因为这是贞操，故褒扬他。"这种"室以为室也"的论理，便是今日道德思想宣告破产的证据。故我作这篇文字的第一个主意只是要大家知道"贞操"这个问题并不是"天经地义"，是可以彻底研究，可以反复讨论的。

第二，我以为贞操是男女相待的一种态度，乃是双方交互的道德，不是偏于女子一方面的。由这个前提，便生出几条引申的意见：（一）男子对于女子，丈夫对于妻子，也应有贞操的态度；（二）男子作不贞操的行为，如嫖妓娶妾之类，社会上应该用对待不贞妇女的态度来对待他；（三）妇女对于无贞操的丈夫，没有守贞操的责任；（四）社会法律既不认嫖妓纳妾为不道德，便不该褒扬女子的"节烈贞操"。

第三，我绝对的反对褒扬贞操的法律。我的理由是：

（一）贞操既是个人男女双方对待的一种态度，诚意的贞操是完全自动的道德，不容有外部的干涉，不须有法律的提倡。

（二）若用法律的褒扬为提倡贞操的方法，势必至造成许多沽名钓誉、不诚不实、无意识的贞操举动。

（三）在现代社会，许多贞操问题，如寡妇再嫁、处女守贞等问题的是非得失，却都还有讨论余地，法律不当以武断的态度制定褒贬的规条。

（四）法律既不奖励男子的贞操，又不惩男子的不贞操，便不该单独提倡女子的贞操。

（五）以近世人道主义的眼光看来，褒扬烈妇烈女杀身殉夫，都是野蛮残忍的法律，这种法律，在今日没有存在的地位。

民国七年七月

不　朽
——我的宗教

不朽有种种说法，但是总括看来，只有两种说法是真有区别的。一种是把"不朽"解作灵魂不灭的意思，一种就是《春秋左传》上说的"三不朽"。

（一）神不灭论　宗教家往往说灵魂不灭，死后须受末日的裁判：作好事的享受天国天堂的快乐，作恶事的要受地狱的苦痛。这种说法，几千年来不但受了无数愚夫愚妇的迷信，居然还受了许多学者的信仰。但是古今来也有许多学者对于灵魂是否可离形体而存在的问题，不能不发生疑问。最重要的如南北朝人范缜的《神灭论》说："形者神之质，神者形之用。……神之于质，犹利之于刀；形之于用，犹刀之于利。……舍利无刀，舍刀无利。未闻刀没而利存，岂容形亡而神在？"宋朝的司马光也说："形既朽灭，神亦飘散，虽有锉烧舂磨，亦无所施。"但是司马光说的"形既朽灭，神亦飘散"，还不免把形与神看作两件事，不如范缜说的更透彻。范缜说人的神灵即是形体的作用，形体便是神灵的形质。正如刀子是形质，刀子的利钝是作用；有刀子方才有利钝，没有刀子便没有利钝。人有形体方才有作用：这个作用，我们叫作"灵魂"。若没有形体，便没有作用了，便没有灵魂了。范缜这篇《神灭论》出来的时候，惹起了无数人的反对。梁武帝叫了七十几个名士作论驳他，都没有什么真有价值的议论。其中只有沈约的《难神灭论》说："利若遍施四方，则利体无处复立；利之为用正存一边毫毛处耳。神之与形，举体若合，又安得同乎？若以此譬为尽耶，则不尽；若谓本不尽耶，则不可以为譬也。"这一段是说刀是无机体，人是有机体，故不能彼此相比。这话固然有理，但终不能推翻"神者形之用"的议论。近世唯物派的学者也说人的灵魂并不是什么无形体，独立存在的物事，不过是神经作用的总名；灵魂的种种作用都即是脑部各部分的机能作用；若有某部被损伤，某种作用即时废止；人幼年时脑部不曾完全发达，神灵作用也不能完全，老年人脑部渐渐衰耗，神灵作用也渐渐衰耗。这种议论的大旨，与范缜所说"神者形之用"正相同。但是有许多人总舍不得把灵魂打消了，所以咬住说灵魂另是一种神秘玄妙的物事，并不是神经的作用。这个"神秘玄妙"的物事究竟是什么，他们也说不出来，只觉得总应该有这么一件物事。既是"神秘玄妙"，自然不能用科学试验来证明他，也不能用科学试验来驳倒他。既然如此，我们只好用实验主义（Pragmatism）的方法，看这种学说的实际效果如何，以为评判的标准。依此标准看来，信神不灭论的固然也有好人，信神灭论的也未必全是坏人。即如司马光范缜赫胥黎一类的人，说不信灵魂不灭的话，何尝没有高尚的道德？更进一层说，有些人因为迷信天堂、天国、地狱、末日裁判，方才修德行善，这种修行全是自私自利的，也算不得真正道德。总而言之，灵魂灭不灭的问题，于人生行为上实在没有什么重大影响；既没有实际的影响，简直可说是不成问题了。

（二）三不朽说　《左传》说的三种不朽是：1、立德的不朽，2、立功的不朽，3、立言的不朽。"德"便是个人人格的价值，像墨翟耶稣一类的人，一生刻意孤行，精诚勇猛，使当时的人敬爱信仰，使千百年后的人想念崇拜。这便是立德的不朽。"功"便是事业，像哥伦布发见美洲，像华盛顿造成美洲共和国，替当时的人开一新天地，替历史开一新纪元，替天下后世的人种下无量幸福的种子。这便是立功的不朽。"言"便是语言著作，像那《诗经》三百篇的许多无名诗人，又像陶潜杜甫莎士比亚易卜生一类的文学家，又像柏拉图卢骚弥儿一类的哲学家，又像牛顿达尔文一类的科学家，或是作了几首好诗使千百年后的人欢喜感叹；或是作了几本好戏使当时的人鼓舞感动，使后世的人发愤兴起；或是创出一种新哲学，或是发明了一种新学说，或在当时发生思想的革命，或在后世影响无穷。这便是立言的不朽。总而言之，这种不朽说，不问人死后灵魂能不能存在，只问他的人格、他的事业、他的著作有没有永远存在的价值。即如基督教徒说耶稣是上帝的儿子他的神灵永远存在，我们正不用驳这种无凭据的神话，只说耶稣的人格、事业和教训都可以不朽，又何必说那些无谓的神话呢？又如孔教会的人到了孔丘的生日，一定要举行祭孔的典礼，还有些人学那"朝山进香"的法子，要赶到曲阜孔林去对孔丘的神灵表示敬

意！其实孔丘的不朽全在他的人格与教训，不在他那"在天之灵"。大总统多行两次丁祭，孔教会多走两次"朝山进香"，就可以使孔丘格外不朽了吗？更进一步说，像那《三百篇》里的诗人，也没有姓名，也没有事实，但是他们都可说是立言的不朽。为什么呢？因为不朽全靠一个人的真价值，并不靠姓名事实的流传，也不靠灵魂的存在。试看古今来的多少大发明家，那发明火的，发明养蚕的，发明缫丝的，发明织布的，发明水车的，发明春米的水碓的，发明规矩的，发明秤的，……虽然姓名不传，事实湮没，但他们的功业永远存在，他们也就都不朽了。这种不朽比那个人的小小灵魂的存在，可不是更可宝贵，更可羡慕吗？况且那灵魂的有无还在不可知之中，这三种不朽——德、功、言——可是实在的。这三种不朽可不是比那灵魂的不灭更靠得住吗？

以上两种不朽论，依我个人看来，不消说得，那"三不朽说"是比那"神不灭说"好得多了。但是那"三不朽说"还有三层缺点，不可不知。第一，照平常的解说看来，那些真能不朽的人只不过那极少数有道德、有功业、有著述的人。还有那无量平常人难道就没有不朽的希望吗？世界上能有几个墨翟耶稣，几个哥伦布华盛顿，几个杜甫陶潜，几个牛顿达尔文呢？这岂不成了一种"寡头"的不朽论吗？第二，这种不朽论单从积极一方面着想，但没有消极的裁制。那种灵魂的不朽论既说有天国的快乐，又说有地狱的苦楚，是积极消极两方面都顾着的。如今单说立德可以不朽，不立德又怎样呢？立功可以不朽，有罪恶又怎样呢？第三，这种不朽论所说的"德、功、言"三件，范围都很含糊。究竟怎样的人格方才可算是"德"呢？怎样的事业方才可算是"功"呢？怎样的著作方才可算是"言"呢？我且举一个例。哥伦布发见美洲固然可算得立了不朽之功，但是他船上的水手火头又怎样呢？他那只船的造船工人又怎样呢？他船上用的罗盘器械的制造工人又怎样呢？他所读的书的著作者又怎样呢？……举这一条例，已可见"三不朽"的界限含糊不清了。

因为要补足这三层缺点，所以我想提出第三种不朽论来请大家讨论。我一时想不起别的好名字，姑且称它作"社会的不朽论"。

（三）社会的不朽论　社会的生命，无论是看纵剖面，是看横截面，都像一种有机的组织。从纵剖面看来，社会的历史是不断的；前人影响后人，后人又影响更后人；没有我们的祖宗和那无数的古人，又那里有今日的我和你？没有今日的我和你，又那里有将来的后人？没有那无量数的个人，便没有历史，但是没有历史，那无数的个人也决不是那个样子的个人。总而言之，个人造成历史，历史造成个人。从横截面看来，社会的生活是交互影响的：个人造成社会，社会造成个人；社会的生活全靠个人分工合作的生活，但个人的生活，无论如何不同，都脱不了社会的影响；若没有那样这样的社会，决不会有这样那样的我和你；若没有无数的我和你，社会也决不是这个样子，来勃尼慈（Leibnitz）说得好：

> 这个世界乃是一片大充实（Plenum，为真空 Vacuum 之对），其中一切物质都是接连着的。一个大充实里面有一点变动，全部的物质都要受影响，影响的程度与物体距离的远近成正比例。世界也是如此。每一个人不但直接受他身边亲近的人的影响，并且间接又间接的受距离很远的人的影响。所以世间的交互影响，无论距离远近，都受得着的。所以世界上的人，每人受着全世界一切动作的影响。如果他有周知万物的智慧，他可以在每人的身上看出世间一切施为，无论过去未来都可看得出，在这一个现在里面便有无穷时间空间的影子。（见 Monadology 第六十一节）

从这个交互影响的社会观和世界观上面，便生出我所说的"社会的不朽论"来。我这"社会的不朽论"的大旨是：

> 我这个"小我"不是独立存在的，是和无量数小我有直接或间接的交互关系的；是和社会的全体和世界的全体都有互为影响的关系的；是和社会世界的过去和未来都有因果关系的。种种从前的因，种种现在无数"小我"和无数他种势力所造成的因，都成了我这个"小我"的一部分。我这个"小我"，加上了种种从前的因，又加上了种种现在的因，传递下去，又要造成无数将来的"小我"。这种种过去的"小我"，和种种现在的"小我"，和种种将来无穷的"小我"，一代传一代，一点加一滴；一线相传，连绵不断；一水奔流，滔滔不绝：——这便是一个"大我"。"小我"是会消灭的，"大我"是永远

不灭的。"小我"是有死的,"大我"是永远不死、永远不朽的。"小我"虽然会死,但是每一个"小我"的一切作为,一切功德罪恶,一切语言行事,无论大小,无论是非,无论善恶,——都永远留存在那个"大我"之中。那个"大我",便是古往今来一切"小我"的纪功碑、彰善祠,罪状判决书,孝子慈孙百世不能改的恶谥法。这个"大我"是永远不朽的,故一切"小我"的事业,人格,一举一动,一言一笑,一个念头,一场功劳,一桩罪过,也都永远不朽。这便是社会的不朽,"大我"的不朽。

那边"一座低低的土墙,遮着一个弹三弦的人。"那三弦的声浪,在空间起了无数波澜;那被冲动的空气质点,直接间接冲动无数旁的空气质点;这种波澜,由近而远,至于无穷空间;由现在而将来,由此刹那以至于无量刹那,至于无穷时间:——这已是不灭不朽了。那时间,那"低低的土墙"外边来了一位诗人,听见那三弦的声音,忽然起了一个念头;由这一个念头,就成了一首好诗;这首好诗传诵了许多人;人读了这诗,各起种种念头;由这种种念头,更发生无量数的念头,更发生无数的动作,以至于无穷。然而那"低低的土墙"里面那个弹三弦的人又如何知道他所发生的影响呢?

一个生肺病的人在路上偶然吐了一口痰。那口痰被太阳晒干了,化为微尘,被风吹起空中,东西飘散,渐吹渐远,至于无穷时间,至于无穷空间。偶然一部分的病菌被体弱的人呼吸进去,便发生肺病,由他一身传染一家,更由一家传染无数人家。如此辗转传染,至于无穷空间,至于无穷时间。然而那先前吐痰的人的骨头早已腐烂了,他又如何知道他所种的恶果呢?

一千五六百年前有一个人叫作范缜说了几句话道:"神之于形,犹利之于刀;未闻刀没而利存,岂容形亡而神在?"这几句话在当时受了无数人的攻击。到了宋朝有个司马光把这几句话记在他的《资治通鉴》里。一千五六百年之后,有一个十一岁的小孩子,——就是我,——看《通鉴》到这几句话,心里受了一大感动,后来便影响了他半生的思想行事。然而那说话的范缜早已死了一千五百年了!

两千六七百年前,在印度地方有一个穷人病死了,没人收尸,尸首暴露在路上，已腐烂了。那边来了一辆车，车上坐着一个王太子，看见了这个腐烂发臭的死人，心中起了一念；由这一念，辗转发生无数念。后来那位王太子把王位也抛了，富贵也抛了，父母妻子也抛了，独自去寻思一个解脱生老病死的方法。后来这位王子便成了一个教主，创了一种哲学的宗教，感化了无数人。他的影响势力至今还在；将来即使他的宗教全灭了，他的影响势力终久还存在，以至于无穷。这可是那腐烂发臭的路毙所曾梦想到的吗？

以上不过是略举几件事，说明上文说的"社会的不朽""大我的不朽"。这种不朽论，总而言之，只是说个人的一切功德罪恶，一切言语行事，无论大小好坏，一一都留下一些影响在那个"大我"之中，一一都与这永远不朽的"大我"一同永远不朽。

上文我批评那"三不朽论"的三层缺点：1、只限于极少数的人；2、没有消极的裁制；3、所说"功、德、言"的范围太含糊了。如今所说"社会的不朽"，其实只是把那"三不朽论"的范围更推广了。既然不论事业功德的大小，一切都可不朽，那第一第三两层短处都没有了。冠绝古今的道德功业固可以不朽，那极平常的"庸言庸行"，油盐柴米的琐屑，愚夫愚妇的细事，一言一笑的微细，也都永远不朽。那发现美洲的哥伦布固可以不朽，那些和他同行的水手火头，造船的工人，造罗盘器械的工人，供给他粮食衣服银钱的人，他所读的书的著作家，生他的父母，生他父母的父母祖宗，以及生育训练那些工人商人的父母祖宗，以及他以前和同时的社会，……都永远不朽。社会是有机的组织，那英雄伟人可以不朽，那挑水的，烧饭的，甚至于浴堂里替你擦背的，甚至于每天替你家掏粪倒马桶的，也都永远不朽。至于那第二层缺点，也可免去。如今说立德不朽，行恶也不朽；立功不朽，犯罪也不朽；"流芳百世"不朽，"遗臭万年"也不朽；功德盖世固是不朽的善因，吐一口痰也有不朽的恶果。我的朋友李守常先生说得好："稍一失脚，必致遗留层层罪恶种子于未来无量的人，——即未来无量的我，——永不能消除，永不能忏悔。"这就是消极的裁制了。

中国儒家的宗教提出一个父母的观念和一个祖先的观念，来作人生一切行为的裁制力。所以说，"一出言而不敢忘父母，一举足而不敢忘父

母。"父母死后,又用丧礼祭礼等等见神见鬼的方法,时刻提醒这种人生行为的裁制力。所以又说,"斋明盛服,以承祭祀,洋洋乎如在其上,如在其左右。"又说,"斋三日,则见其所为斋者;祭之日,入室,僾然必有见乎其位;周还出户,肃然必有闻乎其容声;出户而听,忾然必有闻乎其叹息之声。"这都是"神道设教",见神见鬼的手段。这种宗教的手段在今日是不中用了。还有那种"默示"的宗教,神权的宗教,崇拜偶像的宗教,在我们心里也不能发生效力,不能裁制我们一生的行为。以我个人看来,这种"社会的不朽"观念很可以作我的宗教了。我的宗教的教旨是:

> 我这个现在的"小我",对于那永远不朽的"大我"的无穷过去,须负重大的责任;对于那永远不朽的"大我"的无穷未来,也须负重大的责任。我须要时时想着,我应该如何努力利用现在的"小我",方才可以不辜负了那"大我"的无穷过去,方才可以不贻害那"大我"的无穷未来?

《跋》这篇文章的主意是民国七年年底当我的母亲丧事里想到的。那时只写成一部分,到八年二月十九日方才写定付印。后来俞颂华先生在报纸上指出我论社会是有机体一段很有语病,我觉得他的批评很有理,故九年二月间我用英文发表这篇文章时,我就把那一段完全改过了。十年五月,又改定中文原稿,并记作文与修改的缘起于此。

爱情与痛苦

《每周评论》第二十五号里，我的朋友陈独秀引我的话："爱情的代价是痛苦，爱情的方法是要忍得住痛苦。"他又加上一句评语道："我看不但爱情如此，爱国爱公理也都如此。"这几句话出版后的第三日，他就被北京军警捉去了，现在已有半个多月，他还在警察厅里。我们对他要说的话是："爱国爱公理的报酬是痛苦，爱国爱公理的条件是要忍得住痛苦。"

新 生 活

——为《新生活》杂志第一期作的

那样的生活可以叫作新生活呢?

我想来想去,只有一句话。新生活就是有意思的生活。

你听了,必定要问我,有意思的生活又是什么样子的生活呢?

我且先说一两件实在的事情作个样子,你就明白我的意思了。

前天你没有事作,闲的不耐烦了,你跑到街上一个小酒店里,打了四两白干,喝完了,又要四两,再添上四两。喝的大醉了,同张大哥吵了一回嘴,几乎打起架来。后来李四哥来把你拉开,你气忿忿的又要了四两白干,喝的人事不知,幸亏李四哥把你扶回去睡了。昨儿早上,你酒醒了,大嫂子把前天的事告诉你,你懊悔的很,自己埋怨自己:"昨儿为什么要喝那么多酒呢?可不是糊涂吗?"

你赶上张大哥家去,作了许多揖,赔了许多不是,自己怪自己糊涂,请张大哥大量包涵。正说时,李四哥也来了,王三哥也来了。他们三缺一,要你陪他们打牌。你坐下来,打了十二圈,输了一百多吊钱。你回得家来,大嫂子怪你不该赌博,你又懊悔的很,自己怪自己道:"是啊,我为什么要陪他们打牌呢?可不是糊涂吗?"

诸位,像这样子的生活,叫作糊涂生活,糊涂生活便是没有意思的生活。你作完了这种生活,回头一想,"我为什么要这样干呢?"你自己也回不出究竟为什么。

诸位,凡是自己说不出"为什么这样作"的事,都是没有意思的生活。

反过来说,凡是自己说得出"为什么这样作"的事,都可以说是有意思的生活。

生活的"为什么",就是生活的意思。

人同畜生的分别，就在这个"为什么"上。你到万牲园里去看那白熊一天到晚摆来摆去不肯歇，那就是没有意思的生活。我们作了人，应该不要学那些畜生的生活。畜生的生活只是胡混，只是不晓得自己为什么如此作。一个人作的事应该件件事回得出一个"为什么"。

我为什么要干这个？为什么不干那个？回答得出，方才可算是一个人的生活。

我们希望中国人都能作这种有意思的新生活。其实这种新生活并不十分难，只消时时刻刻问自己为什么这样作，为什么不那样作，就可以渐渐的作到我们所说的新生活了。

诸位，千万不要说"为什么"这三个字是很容易的小事。你打今天起，每作一件事，便问一个为什么，——为什么不把辫子剪了？为什么不把大姑娘的小脚放了？为什么大嫂子脸上搽那么多的脂粉？为什么出棺材要用那么多叫化子？为什么娶媳妇也要用那么多叫化子？为什么骂人要骂他的爹妈？为什么这个？为什么那个？——你试办一两天，你就会觉得这三个字的趣味真是无穷无尽，这三个字的功用也无穷无尽。

诸位，我们恭恭敬敬的请你们来试试这种新生活。

民国八年八月

什么是文学
——答钱玄同

我常说:"语言文字都是人类达意表情的工具;达意达的好,表情表的妙,便是文学。"

但是怎样才是"好"与"妙"呢?这就很难说了。我曾用最浅近的话说明如下:"文学有三个要件:第一要明白清楚,第二要有力能动人,第三要美。"

因为文学不过是最能尽职的语言文字,因为文学的基本作用(职务)还是"达意表情",故第一个条件是要把感情或意,明白清楚的表出达出,使人懂得,使人容易懂得,使人决不会误解。请看下例:

藁坞芝房,一点中池。生来易惊。笑金钗卜就,先能断决;犀珠镇后,才得和平。楼响登难,房空怯最,三斗除非借酒倾。芳名早,唤狗儿吹笛,伴取歌声。

沉忱何事牵情?消不觉人前太息轻。怕残灯枕外,帘旌蝠拂;幽期夜半,窗户鸡鸣。愁髓频寒,回肠易碎,长是心头苦暗并。无边月,纵团栾如镜,难照分明。

这首《沁园春》是从《曝书亭集》卷二十八页八抄出来的。你是一位大学的国文教授,你可看得懂他"咏"的是什么东西吗?若是你还看不懂,那么,他就通不过这第一场"明白"("懂得性")的试验。他是一种玩意儿,连"语言文字"的基本作用都够不上,那配称为"文学"!

懂得还不够。还要人不能不懂得;懂得了,还要人不能不相信,不能不感动。我要他高兴,他不能不高兴;我要他哭,他不能不哭;我要他崇拜我,他不能不崇拜我;我要他爱我,他不能不爱我。这是"有力"。这个,我可以叫他作"逼人性"。

我又举一例:

> 血府当归生地桃,
> 红花甘草壳赤芍,
> 柴胡芎桔牛膝等,
> 血化下行不作劳。

这是"血府逐瘀汤"的歌诀。这一类的文字,只有"记账"的价值,绝不能动人,绝没有"逼人"的力量,故也不能算文学。大多数的中国旧"文学",如碑版文字,如平铺直叙的史传,都属于这一类。

> 我读齐镈文,书阙乏左证。独取圣祂字,古谊藉以正。亲殡称考妣,从女疑非敬。《说文》有祂字,乃训祂司命。此文两皇祂,配祖义相应。幸得三代物,可与淡长诤。……(李慈铭齐子中姜镈歌)

这一篇你(大学的国文教授)看了一定大略明白,但他决不能感动你,决不能使你有情感上的感动。

第三是"美"。我说,孤立的美,是没有的。美就是"懂得性"(明白)与"逼人性"(有力)二者加起来自然发生的结果。例如"五月榴花照眼明"一句,何以"美"呢?美在用的是"明"字。我们读这个"明"字不能不发生一树鲜明逼人的榴花的印象。这里面含有两个分子:(1)明白清楚,(2)明白之至,有逼人而来的"力"。

再看《老残游记》的一段:

> 那南面山上,一条白光,映着月色,分外好看。一层一层的山岭,却分辨不清;又有几片白云在里面,所以分不出是云是山。及至定睛看去,方才看出那是云那是山来。虽然云是白的,山也是白的,云有亮光,山也有亮光;只因为月在云上,云在月下,所以云的亮光从背后透过来。那山却不然的:山的亮光由月光照在山上,被那山上的雪反射过来,所以光是两样了。然只稍近的地方如此。那山望东

去,越望越远,天也是白的,山也是白的,云也是白的,就分辨不出来。

这一段无论是何等顽固古文家都不能不承认是"美"。美在何处呢?也只是两个分子:第一是明白清楚,第二是明白清楚之至,故有逼人而来的影像。除了这两个分子之外,还有什么孤立的"美"吗?没有了。

你看我这个界说怎样?我不承认什么"纯文"与"杂文"。无论什么文(纯文与杂文,韵文与非韵文)都可分作"文学的"与"非文学的"两项。

差不多先生传

你知道中国最有名的人是谁?

提起此人,人人皆晓,处处闻名。他姓差,名不多,是各省各县各村人氏。你一定见过他,一定听过别人谈起他。差不多先生的名字天天挂在大家的口头,因为他是中国全国人的代表。

差不多先生的相貌和你和我都差不多。他有一双眼睛,但看的不很清楚;有两只耳朵,但听的不很分明;有鼻子和嘴,但他对于气味和口味都不很讲究。他的脑子也不小,但他的记性却不很精明,他的思想也不很细密。

他常常说:"凡事只要差不多,就好了。何必太精明呢?"

他小的时候,他妈叫他去买红糖,他买了白糖回来。他妈骂他,他摇摇头说:"红糖白糖不是差不多吗?"

他在学堂的时候,先生问他:"直隶省的西边是那一省?"他说是陕西。先生说:"错了。是山西,不是陕西。"他说:"陕西同山西,不是差不多吗?"

后来他在一个钱铺里作伙计;他也会写,也会算,只是总不会精细。十字常常写成千字,千字常常写成十字。掌柜的生气了,常常骂他。他只是笑嘻嘻地赔小心道:"千字比十字只多一小撇,不是差不多吗?"

有一天,他为了一件要紧的事,要搭火车到上海去。他从从容容地走到火车站,迟了两分钟,火车已开走了。他白瞪着眼,望着远远的火车上的煤烟,摇摇头道:"只好明天再走了,今天走同明天走,也还差不多。可是火车公司未免太认真了,八点三十分开,同八点三十二分开,不是差不多吗?"他一面说,一面慢慢地走回家,心里总不明白为什么火车不肯等他两分钟。

有一天,他忽然得了急病,赶快叫家人去请东街的汪医生。那家人急

急忙忙地跑去，一时寻不着东街的汪大夫，却把西街牛医王大夫请来了。差不多先生病在床上，知道寻错了人；但病急了，身上痛苦，心里焦急，等不得了，心里想道："好在王大夫同汪大夫也差不多，让他试试看吧。"于是这位牛医王大夫走近床前，用医牛的法子给差不多先生治病。不上一点钟，差不多先生就一命呜呼了。

差不多先生差不多要死的时候，一口气断断续续地说道："活人同死人也差……差……差不多，……凡事只要……差……差……不多……就……好了，……何……何……必……太……太认真呢？"他说完了这句格言，方才绝气了。

他死后，大家都很称赞差不多先生样样事情看得破，想得通；大家都说他一生不肯认真，不肯算账，不肯计较，真是一位有德行的人。于是大家给他取个死后的法号，叫他作圆通大师。

他的名誉越传越远，越久越大。无数无数的人都学他的榜样。于是人人都成了一个差不多先生。——然而中国从此就成为一个懒人国了。

祝《白话晚报》

我的几位同事们，创办了这个《白话晚报》，要我说几句话。我且说我对于这个报的希望吧。

我希望这个报要作到两个地步：

第一，要值得一驳。
第二，要禁得起一驳。

怎么叫作"要值得一驳"呢？北京的报纸实在太多了；一个城里有七八十种日报，谁也看不了。有好几种报，谁也不要看。这个时候，何苦又去添出一种报呢？我以为此时在北京，别无办新报的理由，只有一个理由，就是要出一个有主张的报。说一句话，作一篇文章，办一个报，至少总要有点主张，至少总要值得人家一驳。若是添出一个不痛不痒、没有主张的报，给人家随手丢在字纸篓里去，或是拿去抹桌子，包豆腐干，那种报便不值得一驳了。

怎么说"要禁得起一驳"呢？单有主张，倒也不难。我可以主张张弧作总理，他可以主张讨伐西南，你可以主张卖国。但没有理由的主张，不能"持之有故，言之成理"的主张，或是不敢公开讨论的主张，都禁不起人家的一驳。这个时代的报纸，不但应该有主张，还应该有学理与见解作主张的根据。根据正确的观察，参用相当的学理，加上公开的态度，发为公开的主张，那才是"禁得起一驳"的主张了。

我的几位同事办的这个报，一定可以作到这两个地步的。也许他们还嫌我太不长进，希望太小哩。

十一·三·七

近代名人文库精粹

追想胡明复

宣统二年（1910年）七月，我到北京考留美官费。那一天，有人来说，发榜了。我坐了人力车去看榜，到史家胡同时，天已黑了。我拿了车上的灯，从榜尾倒看上去（因为我自信我考的很不好），看完了一张榜，没有我的名字，我很失望。看过头上，才知道那一张是"备取"的榜。我再拿灯照读那"正取"的榜，仍是倒读上去。看到我的名字了！仔细一看，却是"胡达"，不是"胡适"。我再看上去，相隔很近，便是我的姓名了。我抽了一口气，放下灯仍坐原车回去了，心里却想着，"那个胡达不知是谁，几乎害我空高兴一场！"

那个胡达便是胡明复。后来我和他和宪生都到康南耳大学，中国同学见了我们的姓名，总以为胡达胡适是兄弟，却不知道宪生和他是堂兄弟，我和他却全无亲属的关系。

那年我们同时放洋的共有七十一人，此外还有胡敦复先生、唐孟伦先生、严约冲先生。船上十多天，大家都熟了。但是那时已可看出许多人的性情嗜好。我是一个爱玩的人，也吸纸烟，也爱喝柠檬水，也爱学打"五百"及"高低、杰克"等等纸牌。在吸烟室里，我认得了宪生，常同他打"Shuffle Board"；我又常同严约冲张彭春王鸿卓打纸牌。明复从不同我们玩。他和赵元任周仁总是同胡敦复在一块谈天；我们偶然听见他们谈话，知道他们谈的是算学问题，我们或是听不懂，或是感觉没有趣味，只好走开，心里都恭敬这一小群的学者。

到了绮色佳（Ithaca）之后，明复与元任所学相同，最亲热；我在农科，同他们见面时很少。到了一九一二年以后，我改入文科，方才和明复元任同在克雷登（Prot. J. E. Creighton）先生的哲学班上。我们三个人同坐一排，从此我们便很相熟了。明复与元任的成绩相差最近，竞争最烈。他们每学期的总平均总都在九十分以上；大概总是元任多着一分或半分，有一年他们相差只有几厘。他们在康南耳四年，每年的总成绩都是全校最高的。一九一三年，我们三人同时被举为 Phi Beta Kappa 会员；因为我们同在克雷登先生班上，又同在一排，故同班的人都很欣羡；其实我的成绩远不如他们两位。一九一四年，他们二人又同时被举为 Sigma Xi 会员，这是理科的名誉学会，得之很难；他们两人同时已得 Phi Beta Kappa 的"会钥"，又得 Sigma Xi 的"会钥"，更是全校稀有的荣誉（郭复先生也是 Phi Beta kappa 的会员）。

明复是科学社的发起人，这是大家知道的。这件事的记载，我在我的《藏晖室札记》里居然留得一点材料，现在摘记在此，也许可供将来科学社修史的人参考。

科学社发起的人是赵元任胡达（明复）周仁秉志过探先杨铨任鸿隽金邦正章元善。他们有一天（1914 年）聚在世界会（Cosmopolitan Club）的一个房间里，——似是过探先所住，——商量要办一个月报，名为"科学"。后来他们公推明复与杨铨任鸿隽等起草，拟定"科学社"的招股章程。最初的章程是杨铨手写付印的，其全文如下：——

科学社招股章程

（1）定名　本社定名科学社（Science Society）。

（2）宗旨　本社发起"科学（Science）"月刊，以提倡科学，鼓吹实业，审定名词，传播知识，为宗旨。

（3）资本　本社暂时以美金四百元为资本。

（4）股份　本社发行股份票四十份，每份美金十元。其二十份由发起人担任，余二十份发售。

（5）交股法　购一股者，限三期交清，以一月为一期：第一期五元，第二期三元，第三期二元。购二股者，限五期交清：第一期六元，第二三期各四元，第四五期各三元。每股东以三股为限，购三股者其二股依上述二股例交付，余一股照单购法办理。凡股东入股，转股，均须先经本社认可。

（6）权利　股东有享受赢余及选举被选举权。

（7）总事务所　本社总事务所暂设美国以萨克（Itnaca）城。

(8) 期限　营业期限无定。

(9) 通讯处　美国过探先。（住址从略）

当时的目的只想办一个"科学"月刊，资本只要美金四百元。后来才放手作去，变成今日的科学社，"科学"月刊的发行只成为社中的一件附属事业了。

当时大家决定，先须收齐三个月的稿子，然后赶送出付印。明复在编辑上的功劳最大；他不但自己撰译了不少稿子，还担任整理别人的稿件，统一行款，改换标点，故他最辛苦。他在社中后来的贡献与劳绩，是许多朋友都知道的，不用我说了。

明复学的是数学物理，但他颇注意于他所专习的科学以外的事情。我住在世界会，常见明复到会里来看杂志；别的科学学生很少来的。

有一件事可以作证。民国元年（1912年）十一月里，明复和我发起一个政治研究会。那时在革命之后，大家都注意政治问题，故有这个会的组织。第一次组织会在我的房间里开会，会员共十人，议决：

(1) 每两星期开会一次。

(2) 每会讨论一个问题，由会员二人轮次预备论文宣读。论文完后，由会员讨论。

(3) 每会由会员一人轮当主席。

(4) 会期在星期六下午二时。

第一次讨论会的论题为"美国议会"，由过探先与我担任。第二次论题为"租税制度"，由胡明复与尤怀皋担任。我的日记有这一条：

> 十二月念一日，中国学生政治研究会第二次会，论"租税"。胡明复尤怀皋二君任讲演，甚有兴味。二君所预备演稿俱极精详，费时当不少，其热心可佩也。

明复与元任后来都到哈佛去了。那时杏佛（杨铨）编辑"科学"，常向他们催稿子。民国五年（1916年）六月间，杏佛作了一首白话打油诗寄给明复：——

寄胡明复

自从老胡去，这城天气凉。
新屋有风阁，清福过帝王。
境闲心不闲，手忙脚更忙。
为我告"夫子"，"科学"要文章。

元任见此诗，也和了一首：——

寄杨杏佛

自从老胡来，此地暖如汤。
"科学"稿已去，"夫子"不敢当。
才完就要作，忙似阎罗王。
幸有"辟克匿"，那时波士顿肯里白奇的社友还可大大的乐一场！

这也可以表示当时的朋友之乐，与科学社编辑部工作的状况。

民国三年（1914年）明复得盲肠炎，幸早去割了，才得无事。民国五年（1916年），元任也得盲肠炎，也得割治。那时我在纽约，作了一首打油诗寄给元任，并寄给明复看：——

闻道先生病了，叫我吓了一跳。
"阿彭底赛梯斯！"这事有点不妙！
依我仔细看来，这病该怪胡达。
你和他两口儿，可算得亲热杀：
同学同住同事，今又同到哈韈，
同时"西葛玛鳃"，同时"斐贝卡拔"。
前年胡达破肚，今年"先生"该割。
莫怪胡适无礼，嘴里夹七夹八。

要"先生"开口笑,病中快活快活。

更望病早早好,阿弥陀佛菩萨!

那时候我正开始作白话诗,常同一班朋友讨论文学问题。明复有一天忽然寄了两首打油诗来,不但是白话的,竟是土白的。第一首是:

纽约城里,

有个胡适,

白话连篇,

成啥样式!

第二首是一首"宝塔诗":——

痴!

适之!

勿读书!

香烟一支!

单作白话诗!

说时快,作时迟,

一作就是三小时!

我也答他一首"宝塔诗":——

咦!

希奇!

胡格哩,

勼我作诗!

这话不须提。

我做诗快得希,

从来不用三小时。

提起笔何用费心思,

笔尖儿嗤嗤嗤嗤地飞,

也不管宝塔诗有几层儿!

这种朋友游戏的乐处,可怜如今都成永不回来的陈迹了!

去年五月底,我从外国回来,住在沧州旅馆。有一天,吴稚晖先生在我的房里大谈。门外有客来了,我开门看时,原来是明复同周子竞(仁)

两位。我告诉他们，里面是稚晖先生。他们怕打断吴先生的谈话，不肯进来，说"过几天再来谈"，都走了。我以为，大家同在上海，相见很容易的。谁知不多时明复遂死了，那一回竟是我同他的永诀了。他永永不再来谈了！

一九二八．三．十七

老章又反叛了！

　　章士钊君在民国十二年八月间发表了他的《评新文化运动》（《上海新闻报》八月二十一、二十二日）。那时我在烟霞洞养病。有一天，潘大道君上山来玩，对我说："行严说你许久没有作文章了，这回他给你出了题目，你总不能不作文章答他了。"我问他出了什么题目，潘君说是《评新文化运动》一文。当时我对潘君说："请你转告行严，这个题目我只好交白卷了，因为行严那篇文章不值得一驳。"潘君问："'不值一驳'，这四个字可以老实告诉他吗？"我说："请务必达到。"

　　但潘君终不曾把这四个字达到。后来我回到上海，有一个老朋友请章君和陈独秀君和我吃饭，我才把这句话当面告诉章君。

　　那一晚客散后，主人汪君说："行严真有点雅量；你那样说，他居然没有生气。"我对主人说："你只知其一，不知其二。行严只有小雅量，其实没有大雅量；他能装作不生气，而其实他的文章处处是悻悻然和我们生气。"汪君不明白我这句话；我解释道："行严是一个时代的落伍者；他却又虽落伍而不甘心落魄，总想在落伍之后谋一个首领作作。所以他就变成了一个反动派，立志要作落伍者的首领了。梁任公也是不甘心落伍的；但任公这几年来颇能努力跟着一班少年人向前跑。他的脚力也许有时差跌，但他的兴致是可爱的。行严却没有向前的兴致了。他已甘心落伍，只希望在一般落伍者之中出点头地，所以不能不向我们宣战。他在《评新文化运动》一文里曾骂一般少年人'以适之为大帝，绩溪为上京，一味于《胡氏文存》中求文章义法，于《尝试集》中求诗歌律令'。其实行严自己却真是梦想人人'以秋桐为上帝，以长沙为上京，一味于《甲寅杂志》中求文章义法！'我们试翻开那篇文章看看。他骂我们作白话的人'如饮狂泉'，'智出英伦小儿女之下'，'以鄙倍妄为之笔，窃高文美艺之名，以就下走圹之狂，隳载道行远之业，……陷青年于大阱，颓国本于无形'……这不都是悻悻然和我们生气吗？这岂是'雅量'的表现吗？"

汪君和章君是几十年的老朋友，他也说我这个判断不错。我们观察章士钊君，不可不明白他的心理。他的心理就是一个时代落伍者对于行伍中人的悻悻然不甘心的心理。他受过英国社会的一点影响，学得一点吴稚晖先生说的"gentleman 的臭架子"，所以我当面说他不值一驳，他能全不生气。但他学的不彻底，他不知道一个真正 gentleman 必须有 sportsmanship，可译为豪爽。豪爽的一种表现就是肯服输。一个人不肯服输，就使能隐忍于一时，终不免有悻悻然诟骂的一天的。

我再述一件事，更可以形容章君的心理。今年二月里，我有一天在撷英饭馆席上遇着章君，他说他那一天约了对门一家照相馆饭后给他照相，他邀我和他同拍一照。饭后我们同去照了一张相。相片印成之后，他题一首白话诗写给我。全诗如下：

　　你姓胡，我姓章；
　　你讲甚么新文学，
　　我开口还是我的老腔。
　　你不攻来我不驳，
　　双双并坐，各有各的心肠。
　　将来三五十年后，
　　这个相片好作文学纪念看。
　　哈，哈，
　　我写白话歪词送把你，
　　总算是老章投了降。

十四．二．五

这样豪爽的投降几乎使我要信汪君说的"行严的雅量"了！他要我题一首文言诗答他，我就写了这样的四句：

　　"但开风气不为师"，
　　龚生此言吾最喜。
　　同是曾开风气人，
　　愿长相亲不相鄙。

十四，二，九

然而"行严的雅量"终是很有限的；他终不免露出他那悻悻然生气的

本色来。他的投降原来只是诈降,他现在又反叛了!

我手下这员降将虽然还不曾对我直接下攻击,然而他在《甲寅周刊》里早已屡次对于白话文学下攻击了。他的广告里就说:

文字须求雅驯,

白话恕不刊布。

这真是悻悻然小丈夫的气度。

再看看他攻击白话文学的话:

白话文字之不通,(一,页十六)陈源……喜作流行恶滥之白话文。(二,页二十四)

文以载道,先哲名言。漱溟之所著录,不为不精,断非白话芜词所能抒发。近年士习日非,文词鄙俚。国家未灭,文字先亡。梁任公献媚小生,从风而靡,天下病之。不谓漱溟亦复不自检制,同然一辞。(三,页十九)

计自白话文体盛行而后,髦士以俚语为自足,小生求不学而名家,文事之鄙陋干枯迥出寻常拟议之外。黄茅白苇,一往无余;诲盗诲淫,无所不至,此诚国命之大创,而学术之深忧!(五,页二)

他这些话无一句不是悻悻的怒骂,无一句是平心静气研究的结果。有时候,他似乎气急了,连自己文字里的矛盾都顾不得了。例如他说陈源君"屡有佳文,愚摈弗读,读亦弗卒,即嘻嘻吗呢为之障也。"既"摈弗读,读亦弗卒",章君又何以知是"佳文"呢?有"嘻嘻吗呢为之障",而仍可得"佳文"的美称,章君又何以骂他作"恶滥之白话文"呢?这种地方都可以看出章君全失"雅量",只闹意气,全不讲逻辑了。

林纾先生在十年前曾说:"古文之不当废,吾知其理,而不能言其所以然。"当时我读了这话,忍不住大笑。现在我们读章士钊君反对白话的文字,似乎字里行间都告诉我们道:"白话文之不当作,吾知其理,而不能言其所以然!"苦哉!苦!他只好骂几句出出气吧!

我们要正告章士钊君:白话文学的运动是一个很严重的运动,有历史的根据,有时代的要求,有他本身的文学的美,可以使天下睁开眼睛的共见共赏。这个运动不是用意气打得倒的。今日一部分人的谩骂也许赶得跑章士钊君;而章士钊君的谩骂决不能使陈源胡适不作白话文,更不能打倒白话文学的大运动。

我们要正告他："愚摈弗读，读亦弗卒"，这八个字代表的态度完全是小丈夫悻悻然闹意气的态度。这种态度可以对付一些造谣诬蔑的报章，而不能对付今日的白话运动。我虽不希望章君"于《胡氏文存》中求文章义法"，我却希望章君至少能于《胡适文存》中求一点白话运动所以能成立的理由。我们提倡白话的人很诚恳地欢迎反对派的批评；但自夸"摈白话弗读，读亦弗卒"的人，是万万不配反对白话的！

章君自己不曾说过吗？"愚所引为学界之大耻者，乃读书人不言理而言势。"（五，十五，）我们请问章君："愚摈弗读，读亦弗卒"，这是讲理的读书人的态度吗？

我的"受降城"是永远四门大开的。但我现在改定我的受降条例了：凡自夸"摈白话弗读，读亦弗卒"的人，即使他牵羊担酒，衔璧舆榇，捧着"白话歪词"来投降，我决不收受了！

　　　　　　　　　　　　　　十四，八，二十七夜

近代名人文库精粹

漫游的感想（三则）

一 东西文化的界线

我离了北京，不上几天，到了哈尔滨。在此地我得了一个绝大的发现：我发现了东西文明的交界点。

哈尔滨是俄国在远东侵略的一个重要中心。当初俄国人经营哈尔滨的时候，早就预备要把此地辟作一个二百万居民的大城，所以一切文明设备，应有尽有；几十年来，哈尔滨就成了北中国的上海。这是哈尔滨的租界，本地人叫作"道里"，现在租界收回，改为特别区。

租界的影响，在几十年中，使附近的一个村庄逐渐发展，也变成了一个繁盛的大城。这是"道外"。

"道里"现在收归中国管理了，但俄国人的势力还是很大的，向来租界时代的许多旧习惯至今还保存着。其中的一种遗风就是不准用人力车（东洋车）。"道外"的街道上都是人力车。一到了"道里"，只见电车与汽车，不见一部人力车。道外的东洋车可以拉到道里，但不准再拉客，只可拉空车回去。

我到了哈尔滨，看了道里与道外的区别，忍不住叹口气，自己想道：这不是东方文明与西方文明的交界点吗？东西洋文明的界线只是人力车文明与摩托车文明的界线。——这是我的一大发现。

人力车又叫东洋车，这真是确切不移。请看世界之上，人力车所至之地，北起哈尔滨，西至四川，南至南洋，东至日本，这不是东方文明的区域吗？

人力车代表的文明就是那用人作牛马的文明。摩托车代表的文明就是用人的心思才智作出机械来代替人力的文明。把人作牛马看待，无论如何，够不上叫作精神文明。用人的智慧造作出机械来，减少人类的苦痛，便利人类的交通，增加人类的幸福，——这种文明却含有不少理想主义，含有不少的精神文明的可能性。

我们坐在人力车上，眼看那些圆颅方趾的同胞努起筋肉，弯着背脊梁，流着血汗，替我们作牛作马，拖我们行远登高，为的是要挣几十个铜子去活命养家，——我们当此时候，不能不感谢那发明蒸汽机的大圣人，不能不感谢那发明电力的大圣人，不能不祝福那制作汽船汽车的大圣人：感谢他们的心思才智节省了人类多少精力，减除了人类多少苦痛！你们嫌我用"圣人"一个字吗？孔夫子不说过吗？"制而用之谓之器。利用出入，民咸用之，谓之神。"孔老先生还嫌"圣"字不够，他简直要尊他们为"神"呢！

二　摩托车的文明

去年八月十七日的《伦敦晚报》（Evening Standard）有下列的统计：

全世界的摩托车共二四，五九〇，〇〇〇辆。全世界人口平均每七十一人有一辆摩托车。

美国每六人有车一辆。

加拿大与纽西兰每十二人有车一辆。

澳洲每二十人有车一辆。

今年一月十六日纽约的《国民周报》（The Nation）有下列的统计：

全世界摩托车　　二七，五〇〇，〇〇〇

美国摩托车　　二二，三三〇，〇〇〇

美国摩托车数占全世界百分之八十一。

美国人口平均每五人有车一辆。

去年（一九二六）美国造的摩托车凡四百五十万辆，出口五十万辆。

美国的路上，无论是大城里或乡间，都是不断的汽车。《纽约时报》上曾说一个故事：有一个北方人驾着摩托车走过 Miami 的一条大道，他开

的速度是每点钟三十五英里。后面一个驾着两轮摩托车的警察赶上来问他为什么挡住大路。他说，"我开的已是三十五里了。"警察喝道："开六十里！"

今年三月里我到费城（Philadelphia）演讲。一个朋友请我到乡间 Haverford 去住一天。我和他同车往乡间去，到了一处，只见那边停着一二百辆摩托车。我说："这里开汽车赛会吗？"他用手指道："那边不在造房子吗？这些都是木匠泥水匠坐来作工的汽车。"

这真是一个摩托车的国家！木匠泥水匠坐了汽车去作工，大学教员自己开着汽车去上课，乡间儿童上学都有公共汽车接送，农家出的鸡蛋牛乳每天都自己用汽车送上火车或直送进城。十字街头，向来总有一两家酒店的；近年酒禁实行了，十字街头往往建着汽油的小站。车多了，停车的空场遂成为都市建筑的一个大问题。此外还发生了许多连带的问题，很能使都市因此改观。例如我到丹佛城（Denver），看见墙上都没有街道的名字，我很诧异。后来才看见街名都用白漆写在马路两边的"行道"（Pavement or side walk）的底下，为的是要使夜间汽车灯光容易照着。这一件事便可以看出摩托车在都市经营上的影响了。

摩托车的文明的好处真是一言难尽。汽车公司近年通行"分月付款"的法子，使普通人家都可以购买汽车。据最近统计，去年一年之中美国人买的汽车有三分之二是分月付钱的。这种人家向来是不肯出远门的。如今有了汽车，旅行便利了，所以每日工作完毕之后，回家带了家中妻儿，自己开着汽车，到郊外去游玩；每星期日，可以全家到远地旅行游览。例如旧金山的"金门公园"，远在海滨，可以纵观太平洋上的水光岛色；每到星期日，四方男女来游的真是人山人海！这都是摩托车的恩赐。这种远游的便利可以增进健康，开拓眼界，增加智识，——这都是我们在轿子文明与人力车文明底下想象不到的幸福。

最大的功效还在人的官能的训练。人的四肢五官都是要训练的；不练就不灵巧了，久不练就迟钝麻木了。中国乡间的老百姓，看见汽车来了，往往手足失措，不知道怎样回避；你尽管呜呜地压着号筒，他们只听不见；连街上的狗与鸡也只是懒洋洋地踱来摆去，不知避开。但是你若把这班老百姓请到上海来，请他们从先施公司走到永安公司去，他们便不能不用耳目手足了。走过大马路的人，真如《封神传》上黄天化说的"须要眼观四处，耳听八方"。你若眼不明，耳不聪，手足不灵动，必难免危险。这便是摩托车文明的训练。

美国的汽车大概都是各人自己驾驶的。往往一家中，父母子女都会开车。人工贵了，只有顶富的人家可以雇人开车。这种开车的训练真是"胜读十年书"！你开着汽车，两手各有职务，两脚也各有职务，眼要观四处，耳要听八方，还要手足眼耳一时并用，同力合作。你不但要会开车，还要会修车；随你是什么大学教授、诗人哲人，到了半路车坏的时候，也不能不卷起袖管，替机器医病。什么书呆子，书蹩头，傻瓜，若受了这种训练，都不会四体不勤、五官不灵了。你们不常听见人说大学教授"心不在焉"的笑话吗？我这回新到美国，有些大学教授如孟禄博士等请我坐他们自己开的车，我总觉得有点栗栗危惧，怕他们开到半路上忽然想起什么哲学问题或天文学问题来，那才危险呢！但是我经过几回之后，才觉得这些大学教授已受了摩托车文明的洗礼，把从前的"心不在焉"的呆气都赶跑了，坐在轮子前便一心在轮子上，手足也灵活了，耳目也聪明了！猗欤休哉！摩托车的教育！

三　麻将

前几年，麻将牌忽然行到海外，成为出口货的一宗。欧洲与美洲的社会里，很有许多人学打麻将的；后来日本也传染到了。有一个时期，麻将竟成了西洋社会里最时髦的一种游戏：俱乐部里差不多桌桌都是麻将，书店里出了许多种研究麻将的小册子，中国留学生没有钱的可以靠教麻将吃饭挣钱。欧美人竟发了麻将狂热了。

谁也梦想不到东方文明征服西洋的先锋队却是那一百三十六个麻将军！

这回我从西伯利亚到欧洲，从欧洲到美洲，从美洲到日本，十个月之中，只有一次在日本京都的一个俱乐部里看见有人打麻将牌。在欧、美简直看不见麻将了。我曾问过欧洲和美国的朋友，他们说，"妇女俱乐部里，偶然还可以看见一桌两桌打麻将的，但那是很少的事了。"我在美国人家里，也常看见麻将牌盒子——雕刻装潢很精致的——陈列在室内，有时一

家竟有两三副的。但从不见主人主妇谈起麻将；他们从不向我这位麻将国的代表请教此中的玄妙！麻将在西洋已成了架上的古玩了；麻将的狂热已退凉了。

我问一个美国朋友，为什么麻将的狂热过去的这样快？他说："女太太们喜欢麻将，男子们却很反对，终于是男子们战胜了。"

这是我们意想得到的。西洋的勤劳奋斗的民族决不会作麻将的信徒，决不会受麻将的征服。麻将只是我们这种好闲爱荡、不爱惜光阴的"精神文明"的中华民族的专利品。

当明朝晚年，民间盛行一种纸牌，名为"马吊"。马吊只有四十张牌，有一文至九文、一千至九千、一万至九万等，等于麻将牌的筒子、索子、万子。还有一张"零"，即是"白板"的祖宗。还有一张"千万"，即是徽州纸牌的"千万"。马吊牌上每张上画有《水浒传》的人物。徽州纸牌上的"王英"即是矮脚虎王英的遗迹。乾隆、嘉庆间人汪师韩的全集里收有几种明人的马吊牌（在《丛睦汪氏丛书》内）。

马吊在当日风行一时，士大夫整日整夜的打马吊，把正事都荒废了。所以明亡之后，吴梅村作《绥寇纪略》说，明之亡是亡于马吊。

三百年来，四十张的马吊逐渐演变，变成每样五张的纸牌，近七八十年中又变为每样四张的麻将牌（马吊三人对一人，故名"马吊脚"，省称"马吊"；"麻将"为"麻雀"的音变，"麻雀"为"马脚"的音变）。越变越繁复巧妙了，所以更能迷惑人心，使国中的男男女女，无论富贵贫贱，不分日夜寒暑，把精力和光阴葬送在这一百三十六张牌上。

英国的"国戏"是 Cricket，美国的国戏是 Baseball，日本的国戏是角抵。中国呢？中国的国戏是麻将。

麻将平均每四圈费时约两点钟。少说一点，全国每日只有一百万桌麻将，每桌只打八圈，就得费四百万点钟，就是损失十六万七千日的光阴，金钱的输赢，精力的消磨，都还在外。

我们走遍世界，可曾看见那一个长进的民族、文明的国家，肯这样荒时废业的吗？一个留学日本的朋友对我说："日本人的勤苦真不可及！到了晚上，登高一望，家家板屋里都是灯光，灯光之下，不是少年人跪着读书，便是老年人跪着翻书，或是老妇人跪着作活计。到了天明，满街上、满电车上都是上学去的儿童。单只这一点勤苦就可以征服我们了。"

其实何止日本？凡是长进的民族都是这样的。只有咱们这种不长进的民族以"闲"为幸福，以"消闲"为急务，男人以打麻将为消闲，女人以打麻将为家常，老太婆以打麻将为下半生的大事业！

从前的革新家说中国有三害：鸦片，八股，小脚。鸦片虽然没有禁绝，总算是犯法的了。虽然还有作"洋八股"与更时髦的"党八股"的，但八股的四书文是过去的了。小脚也差不多没有了。只有这第四害，麻将，还是日兴月盛，没有一点衰歇的样子，没有人说它是可以亡国的大害。新近麻将先生居然大摇大摆地跑到西洋去招摇一次，几乎作了鸦片与杨梅疮的还敬礼物。但如今它仍旧缩回来了，仍旧回来作东方精神文明的国家的国粹，国戏！

大众语在那儿

自从一些作家提出了"大众语"的问题,常有朋友问我对这问题有什么意见。我对于这个问题只有一个小意见:请大家先作点大众语的作品出来,给我们看看。

在民国八年的八月里,我的朋友李辛白先生来对我说:"你们办的报是为大学中学的学生看的,你们说的话是老百姓看不懂的。我现在要办个报给老百姓看,名字就叫作'新生活'。今天来找你,是要你给我的报做一篇短文章。老实说,这一篇是借你的名字来作广告的。以后我就不再请你作文章了:你们作的文章,老百姓看不懂。"

李辛白从前办过《安徽白话报》,他一生最喜欢办通俗小报;最近几年中,他在南京办了一个《老百姓》,现在不知道怎样了。

且说那一天,我答应了李辛白的要求,就动手写一篇要给老百姓看的短文章。题目也是辛白出的:"新生活是什么?"我拿起笔来,才知道这个题目不好作,才知道这篇文章不容易写(十五年后,我才得读国内贤豪的无数讲新生活的大文章,可惜都不能救济我十五年前的枯窘)。我勉强写成了一篇短文,删了又删,改了又改,足足费了我一个整天的工夫,才写定了一千多字,登在《新生活》的创刊号上。

这篇短文(《胡适文存》页 1017,《胡适文选》页 51)后来跑进了各种小学国语教科书里,初中国语教科书第一册也有选它的,要算是我的文章传播最广的一篇了。

我写了那篇文章之后,《新生活》杂志上就没有我的文字了。过了一年多,有一天我见着李辛白,我对他说:"我看了这一年的《新生活》,只觉得你们的文章越写越深了。你们当初嫌我不能作老百姓看的文章,所以我很想看看你们的文章,我好学学老百姓看得懂的文章应该怎么作。可是我等了一年,还没有看到一篇老百姓看得懂的文章。"辛白回答道:"糟极了！这一年之中，恐怕还只有你那篇文章是老百姓看得懂的！"

李辛白是提倡大众语文学的老祖宗。可是他办的报，尽管叫作《老百姓》，看的仍旧是中学堂里的学生，始终不会跑到老百姓的手里去。

那一次的一点经验，给了我不少的教训。后来又有一次经验，也是我忘记不了的。

民国二十二年的冬天，我在武汉大学讲演，同时在那边的客人有唐擘黄、杨金甫，还有几位，我记不清了。有一天，武汉大学的朋友说，山上的小学和幼稚园的小孩子要招待我们喝茶。我们很高兴的走到了那边，才知道那班小主人还要每个客人"说几句话"。这大概是武汉大学的朋友们布置下的促狭计策，要考考我们能不能向小孩子说话，能不能说幼稚园里的"大众语！"

提到演说，我可以算是久经大敌的老将了。我曾在加拿大和美国的联合广播台上向整个北美洲的人演说过，毫不觉得心慌。可是这一天我考落第了！那天我们都想用全副力量来说几句小孩子听得懂的话：想他们懂得我们的话和话里的意思。我说了一个故事，话是可以懂的，话里的意思（因为故事太深了）是他们不能完全了解的。我失败了。那一天只有杨金甫说的一个故事是全体小主人都听得懂、又都喜欢听的。别的客人都考了个不及格。

我说了这两次的经验，为的是要说明一个小小的意思。大众语不是在白话之外的一种特别语言文字，大众语只是一种技术，一种本领，只是那能够把白话作到最大多数人懂得的本领。

这种技术不光靠挑用简单明显的字眼语句，也不光靠能剽窃一两句方言土语。同是苏州人说苏州话，一样有个好懂和不好懂的分别。这种技术的高低，全看我们对于所谓"大众"的同情心的厚薄。凡是说话作文能叫人了解的人，都是富于同情心，能细心体贴他的听众（或读者）的。"体贴"就是艳词里说的"换我心为你心"；就是时时刻刻想到对面听话的人那一个字听不懂，那一句话不容易明白。能这样体贴人，自然能说听众懂得的话，自然能作读者懂得的文。

英国科学大家赫胥黎最会作通俗的科学讲演，他能对一大群工人作科学讲演。他自己说他最得力于科学前辈法拉第的一句话。有人问法拉第："你讲演科学的时候，你能假定听众对于你讲的题目先有了多少知识？"法

拉第回答:"我假定他们全不知道。"这就是体贴的态度。我们必须先想象这班听众全不知道我要对他们说的题目,方才能够细心体会用什么法子,选什么字句,才可以叫那些最没有根柢的人也能明白我要说的话。能够体贴到听众里面程度最低的一个人,然后能说大众全听得懂的话。

现在许多空谈大众语的人,自己就不会说大众的话,不会作大众的文,偏要怪白话不大众化,这真是不会写字怪笔秃了。白话本来是大众的话,决没有不可以回到大众去的道理。时下文人作的文字所以不能大众化,只是因为他们从来就没有想到大众的存在。因为他们心里眼里全没有大众,所以他们乱用文言的陈语套语,滥用许多不曾分析过的新名词;文法是不中不西的,语气是不文不白的;翻译是硬译,作文章是懒作。他们本来就没有学会说白话,作白话,怪不得白话到了他们的手里就不肯听他们的指挥了。这样嘴里有大众而心里从来不肯体贴大众的人,就是真肯"到民间去",他们也学不会说大众话的。

所以我说:大众语不是一个语言文字的问题,只是一个技术的问题。提倡大众语的人,都应该先训练自己作一种最大多数人看得懂、听得懂的文章。"看得懂"是为识字的大众着想的;"听得懂"是为不识字的大众着想的。我们如果真有心作大众语的文章,最好的训练是时时想象自己站在无线电发音机面前,向那绝大多数的农村老百姓说话,要字字句句他们都听得懂。用一个字,不要忘了大众;造一句句子,不要忘了大众;说一个比喻,不要忘了大众。这样训练的结果,自然是大众语了。

二十三,九,四

南游杂忆（一则）

广 州

一月九日早晨六点多，船到了广州，因有大雾，直到七点，船才能靠码头。有一些新旧朋友到船上来接我，还有一些新闻记者围住我要谈话。有一位老朋友托人带了一封信来，要我立时开看。我拆开信，中有云："兄此次到粤，诸须谨慎。"我不很了解，但我知道这位朋友说话是可靠的。那时和我同船从香港来的有岭南大学教务长陈荣捷先生，到船上来欢迎的有中山大学文学院长吴康先生，教授朱谦之先生，还有地方法院院长陈达材先生，他们还都不知道广州当局对我的态度。陈荣捷先生和吴康先生还在船上和我商量我的讲演和宴会的日程。那日程确是可怕！除了原定的中山大学和岭南大学各讲演两次之外，还有第一女子中学、青年会、欧美同学会等，四天之中差不多有十次讲演。上船来的朋友还告诉我：中山大学邹鲁校长出了布告，全校学生停课两天，使他们好去听我的讲演。又有人说：青年会昨天下午开始卖听讲券，一个下午卖出了两千多张。

我跟着一班朋友到了新亚酒店。已是八点多钟了。我看广州报纸，才知道昨天下午西南政务会议开会，就有人提起胡适在香港华侨教育会演说公然反对广东读经政策，但报纸上都没有说明政务会议议决如何处置我的方法。一会儿，吴康先生送了一封信来，说：

  适晤邹海滨先生云：此间党部对先生在港言论不满，拟劝先生今日快车离省，暂勿演讲，以免发生纠纷。

邹吴两君的好意是可感的，但我既来了，并且是第一次来观光，颇不愿意就走开。恰好陈达材先生问我要不要看看广州当局，我说：林云陔主席是

旧交，我应该去看看他。达材就陪我去到省政府，见着林云陔先生，他大谈广东省政府的"三年建设计划"。他问我要不要见见陈总司令，我说，很好。达材去打电话，一会儿他回来说：陈总司令本来今早要出发向派出剿匪的军队训话，因为他要和我谈话，特别改迟出发。总司令部就在省政府隔壁，可以从楼上穿过去。我和达材走过去，在会客室里略坐，陈济棠先生就进来了。

陈济棠先生的广东官话，我差不多可以全懂。我们谈了一点半钟，大概他谈了四十五分钟，我也谈了四十五分钟。他说的话很不客气："读经是我主张的，祀孔是我主张的，拜关岳也是我主张的。我有我的理由。"他这样说下去，滔滔不绝。他说："我民国十五年到莫斯科去研究，我是预备回来作红军总司令的。"但他后来觉得共产主义是错的，所以他决心反共了。他继续说他的两大政纲：第一是生产建设，第二是作人。生产的政策就是那个"三年计划"，包括那已设未设的二十几个工厂，其中有那成立已久的水泥厂，有那前五六天才开工出糖的糖厂。他谈完了他的生产建设，转到"作人"，他的声音更高了，好像是怕我听不清似的。他说：生产建设可以尽量用外国机器、外国科学，甚至于不妨用外国工程师。但"作人"必须有"本"，这个"本"必须要到本国古文化里去寻求。这就是他主张读经祀孔的理论。他演说这"生产""作人"两大股，足足说了半点多钟。他的大旨和胡政之先生《粤桂写影》所记的陈济棠先生一小时半的谈话相同，大概这段大议论是他时常说的。

我静听到他说完了，我才很客气的答他，大意说：依我的看法，伯南先生的主张和我的主张只有一点不同。我们都要那个"本"，所不同的是：伯南先生要的是"二本"，我要的是"一本"。生产建设须要科学，作人须要读经祀孔，这是"二本"之学。我个人的看法是：生产要用科学知识，作人也要用科学知识，这是"一本"之学。

他很严厉的睁着两眼，大声说："你们都是忘本！难道我们五千年的老祖宗都不知道作人吗？"

我平心静气的对他说：五千年的老祖宗，当然也有知道作人的。但就绝大多数的老祖宗说来，他们在许多方面实在够不上作我们"作人"的榜样。举一类很浅的例子来说罢，女人裹小脚，裹到把骨头折断，这是全世界的野蛮民族都没有的惨酷风俗。然而我们的老祖宗居然行了一千多年。

大圣大贤,两位程夫子没有抗议过,朱夫子也没有抗议过,王阳明文文山也没有抗议过。这难道是作人的好榜样?

他似乎很生气,但也不能反驳我。他只能骂现在中国的教育,说"都是亡国教育";他又说,现在中国人学的科学,都是皮毛,都没有"本",所以都学不到人家的科学精神,所以都不能创造。在这一点上,我不能不老实告诉他:他实在不知道中国这二十年中的科学工作。我告诉他:现在中国的科学家也有很能作有价值的贡献的了,并且这些第一流的科学家又都有很高明的道德。他问,"有些什么人?"我随口举了数学家的姜蒋佐,地质学家的翁文灏李四光,生物学家的秉志,——都是他不认识的。

关于读经的问题,我也很老实的对他说:我并不反对古经典的研究,但我不能赞成一班不懂得古书的人们假借经典来作复古的运动。"这回我在中山大学的讲演题目本来是两天都讲'儒与孔子',这也是古经典的一种研究。昨天他们写信到香港,要我一次讲完,第二次另讲一个文学的题目。我想读经问题正是广东人士眼前最注意的问题,所以我告诉中山大学吴院长,第二题何不就改作'怎样读经?'我可以同这里的少年人谈谈怎样研究古经典的方法。"我说这话时,陈济棠先生回过头去望着陈达材,脸上作出一种很难看的狞笑。我当作看不见,仍旧谈下去。但我现在完全明白是谁不愿意我在广州"卖膏药"了。

以上记的,是我们那天谈话的大概神情。旁听的只有陈达材先生一位。出门的时候,达材说,陈伯南不是不能听人忠告的,他相信我的话可以发生好影响。我是相信天下没有白费的努力的,但对达材的乐观,我却不免怀疑。这种久握大权的人,从来没有人敢对他们说一句逆耳之言,天天只听得先意承志的阿谀谄媚,如何听得进我的老实话呢?

在这里我要更正一个很流行的传说。在十天之后,我在广西遇见一位从广州去的朋友,他说,广州人盛传胡适之对陈伯南说:"岳武穆曾说,'文官不要钱,武官不怕死,天下太平矣。'我们此时应该倒过来说,'武官不要钱,文官不怕死,天下太平矣。'"——这句话确是我在香港对胡汉民先生说的。我在广州,朋友问我见过胡展堂没有,我总提到这段谈话。那天见陈济棠先生时,我是否曾提到这句话,我现在记不清了。大概广州人的一般心理,觉得这句话是我应该对陈济棠将军说的,所以不久外间就有了这种传说。

我们从总司令部出来，回到新亚酒店，罗钧任先生、但怒刚先生、刘毅夫（沛泉）先生、罗努生先生、黄深微（骚）先生、陈荣捷先生，都在那里。中山大学文学院长吴康先生又送了一封信来，说：

鄙意留省以勿演讲为妙。党部方面空气不佳，发生纠纷，反为不妙。邹先生云：昨为党部高级人员包围，渠无法解释。故中大演讲只好布告作罢。渠云，个人极推重先生，故前布告学生停课出席听先生讲演。惟事已至此，只好向先生道歉，并劝先生离省，冀免发生纠纷。

一月九日午前十一时

邹校长的为难，我当然能谅解。中山大学学生的两天放假没有成为事实，我却可以得着四天的假期，岂不是意外的奇遇？所以我和陈荣捷先生商量，爽性把岭南大学和其他几处的讲演都停止了，让我痛痛快快的玩两天。我本来买了来回船票，预备赶十六日的塔虎脱总统船北回，所以只预备在广州四天，在梧州一天。现在我和西南航空公司刘毅夫先生商量，决定在广州只玩两天，又把船期改到十八日的麦荆尼总统船，前后多出四天，坐飞机又可省出三天，我有七天（十一——十八）可以飞游南宁和柳州桂林了。罗钧任先生本想游览桂林山水，他到了南宁，因为他的哥哥端甫先生（文庄）死了，他半途折回广州。他和罗努生先生都愿意陪我游桂林，我先去梧州讲演，钧任等到十三日端甫开吊事完，飞到南宁会齐，同去游柳州桂林。我们商定了，我很高兴，就同陈荣捷先生坐小汽船过河到岭南大学钟荣先校长家吃午饭去了。

那天下午五点，我到岭南大学的教职员茶会。那天天气很热，茶会就在校中的一块草地上，大家围坐吃茶点谈天。岭大的学生知道了，就有许多学生来旁观。人越来越多，就把茶会的人包围住了。起先他们只在外面看看，后来有一个学生走过来对我说："胡先生肯不肯在我的小册子上写几个字？"我说可以，他就摸出一本小册来请我题字。这个端一开，外面的学生就拥进茶会的团坐圈子里来了。人人都拿着小册子和自来水笔，我写的手都酸了。天渐渐黑下来了，草地上蚊子多的很，我的薄袜子抵挡不住，我一面写字，一面运动两只脚，想赶开蚊子。后来陈荣捷先生把我拉走，我上车时，两只脚背都肿了好几块。

晚上黄深微先生和他的夫人邀我到他们家中去住，我因为旅馆里来客太多，就搬到东山，住在他们家里。十点钟以后，报馆里有人送来明天新闻的校样，才知道中山大学邹鲁校长今天出了这样一张布告：

国立中山大学布告第七十九号

为布告事。前定本星期四五两日下午二时请胡适演讲。业经布告在案。现阅香港华字日报。胡适此次南来接受香港大学博士学位之后。在港华侨教育会所发表之言论。竟谓香港最高教育当局。也想改进中国的文化。又谓各位应该把他作成南方的文化中心。复谓广东自古为中国的殖民地等语。此等言论。在中国国家立场言之。胡适为认人作父。在广东人民地位言之。胡适竟以吾粤为生番蛮族。实失学者态度。应即停止其在本校演讲。合行布告。仰各学院各附校员生一体知照。届时照常上课为要。此布。

校长邹鲁
中华民国二十四年一月九日

这个布告使我不能不佩服邹鲁先生的聪明过人。早晨的各报记载八日下午西南政务会议席上讨论的胡适的罪过，明明是反对广东的读经政策。现在这一桩罪名完全不提起了，我的罪名变成了"认人作父"和"以吾粤为生番蛮族"两项！广州的当局大概也知道"反对读经"的罪名是不够引起广东人的同情的，也许多数人的同情反在我的一边。况且读经是武人的主张，——这是陈济棠先生亲口告诉我的——如果用"反对读经"作我的罪名，这就成了陈济棠反对胡适了。所以奉行武人意旨的人们必须避免这个真罪名，必须向我的华侨教育会演说里去另寻我的罪名。恰好我的演说里有这么一段话：

我觉得一个地方的文化传到它的殖民地或边境，本地方已经变了，而边境或殖民地仍是保留着它祖宗的遗物。广东自古是中国的殖民地，中原的文化许多都变了，而在广东尚留着。像现在的广东音是最古的，我现在说的话才是新的。（用各报笔记，大致无大错误。）

假使一个无知的苦力听了这话忽然大生气，我一定不觉得奇怪。但是一位国立大学校长，或是一位国立大学的中国文学系主任居然听不懂这一段话，居然大生气，说我是骂他们"为生番蛮族"，这未免有点奇怪吧。

我自己当然很高兴,因为我的反对读经现在居然不算是我的罪状了,这总算是一大进步。孟子说的好,"乃孔子则欲以微罪行,不欲为苟去。"邹鲁先生们受了读经的训练,硬要我学孔子的"作人",要我"以微罪行",我当然是很感谢的。

但九日的广州各报记载是无法追改的,九日从广州电传到海内外各地的消息也是无法追改的。广州诸公终不甘心让我蒙"反对读经"的恶名,所以一月十四日的香港英文《南华晨报》(South China Morning Post)上登出了中山大学教授兼广州《民国日报》总主笔梁民志(Prof. Liang Min-Chi)的一封英文来函,说

> 我盼望能借贵报转告说英国话的公众,胡适博士在广州所受冷淡的待遇,并非因为(如贵报所记)"他批评广州政府恢复学校读经课程",其实完全因为他在一个香港教员聚会席上说了一些对广东人民很侮辱又"非中国的"(Un-Chinese)批评。我确信任何人对于广州政府的教育政策如提出积极的批评,广州当局诸公总是很乐意听受的。

我现在把梁教授这封信全译在这里,也许可以帮助广州当局诸公多解除一点同样的误解。

我的膏药卖不成了,我就充分利用那两天半的时间去游览广州的地方。黄花岗,观音山,鱼珠炮台,石牌的中山大学新校舍,禅宗六祖的六榕寺,六百年前的五层楼的镇海楼,中山纪念塔,中山纪念大礼堂,都游遍了。中山纪念塔是亡友吕彦直先生(康乃尔大学同学)设计的,图案简单而雄浑,为彦直生平最成功的建筑,远胜于中山陵的图案。黄花岗七十二烈士(中有亡友饶可权先生)墓是二十年前的新建筑,中西杂凑,全不谐和,墓顶中间置一个小小的自由神石像,全仿纽约港的自由神大像,尤不相衬。我们看了民元的黄花岗墓,再看吕彦直设计的中山纪念塔,可以知道这二十年中国新建筑学的大进步了。

我在中山纪念塔下游览时,忽然想起学海堂和广雅书院,想去看看这两个有名学府的遗迹。同游的陈达材先生说,广雅书院现在用作第一中学的校址,很容易去参观。我们坐汽车到一中,门口的警察问我们要名片,达材给了他一张名片。我们走进去,路上遇着一中校长,达材给我介绍,校长就引导我们去参观。东边有荷花池,池后有小亭,亭上有张之洞的浮

雕石像，刻的很工致。我们正在赏玩，不知为何被校中学生知道了，那时正是十二点一刻，餐堂里的学生纷纷跑出来看，一会儿荷花池的四围都是学生了。我们过桥时，有个学生拿着照相机走过来问我："胡先生可以让我照个像吗？"我笑着立定，让他照了一张像。这时候，学生从各方面围拢来，跟着我们走。有些学生跑到前面路上去等候我们走过。校长说："这里有一千三百学生，他们晓得胡先生来了，都要看看你。"我很想赶快离开此地。校长说："这里是东斋，因为老房屋有倒坏了的，所以全拆了重盖新式斋舍。那边是西斋，还保存着广雅书院斋舍的原样子，不可以不去看。"我只好跟他走，走到西斋，西斋的学生也知道我来了，也都跑出来看我们。七八百个少年围着我们，跟着我们，大家都不说话，但他们脸上的神气都很使我感动。校墙上有石刻的广雅书院学规，我站住读了几条，回头看时，后面学生都纷纷挤上来围着我们，我们几乎走不开了。我们匆匆出来，许多学生跟着校长一直送我们到校门口。我们上了汽车，我对同游的两位朋友说："广州的武人政客未免太笨了。我若在广州讲演，大家也许来看热闹，也许来看看胡适之是个什么样子；我说的话，他们也许可以懂得五六成；人看见了，话听完了，大家散了，也就完了。讲演的影响不过如此。可是我的不讲演，影响反大的多了。因为广州的少年人都不能不想想为什么胡适之在广州不讲演。我的最大辩才至多只能使他们想想一两个问题，我的不讲演却可以使他们想想无数的问题。陈伯南先生们真是替胡适之宣传他的'不言之教'了！"

我在广州玩了两天半，一月十一日下午，我和刘毅夫先生同坐西南航空公司的"长庚"机离开广州了。

我走后的第二天，广州各报登出了中山大学中国文学系教授古直、钟应梅、李沧萍三位先生的两个"真电"，全文如下：

（一）广州分送西南政务委员会，陈总司令，林主席，省党部，林宪兵司令，何公安局长勋鉴，昔颜介庚信，北陷庞廷，尚有乡关之思，今胡适南履故土，反发盗憎之论，在道德为无耻，在法律为乱贼矣，又况指广东为殖民，置公等于何地，虽立正典刑，如孔子之诛少正卯可也，何乃令其逍遥法外，造谣惑众为侵略主义张目哉，今闻尚未出境，请即电令截回，径付执宪，庶几乱臣贼子，稍知警悚矣，否则老□北返，将笑广东为无人也，国立中山大学中文系主任古直教员

李沧萍钟应梅，等叩，真辰。

（二）送梧州南宁李总司令，白副总司令，黄主席，马校长勋鉴，（前段与上电同略）今闻将入贵境，请即电令所在截留，径付执宪，庶几乱臣贼子稍知警悚矣，否则公方剿灭共匪，明耻教战，而反容受刘豫张邦昌一流人物以自玷，天下其谓公何，心所谓危，不敢不告，国立中山大学中文系主任古直教员李沧萍钟应梅叩，真午。

电文中列名的李沧萍先生，事前并未与闻，事后曾发表谈话否认列名真电。所以一月十六日《中山大学日报》上登出《古直钟应梅启事》，其文如下：

胡适出言侮辱宗国。侮辱广东三千万人。中山大学布告驱之。定其罪名为认人作父。夫认人作父。此贼子也。刑罚不加。直等以为遗憾。真日代电。所以义形于色矣。李沧萍教授同此慷慨，是以分之以义。其实未尝与闻。今知其为北大出身也。则直等过矣。呜呼道真之妒。昔人所叹　自今以往　吾犹敢高谈教育救国乎　先民有言。丈夫行事当磊磊落落。特此相明。不欺其心，谨启。

古　直
钟应梅　启

这三篇很有趣的文字大可以作我的《广州杂忆》的尾声了。

平绥路施行小记

从七月三日到七月七日，我们几个朋友——金旬卿先生，金仲藩先生和他的儿子建午，任叔永先生和他的夫人陈衡哲女士，我和我的儿子思杜，共七人——走遍了平绥铁路的全线，来回共计一千六百公里。我们去的时候，一路上没有停留，一直到西头的包头站；在包头停了半天，回来的路上在绥远停了一天，大同停了大半天，张家口停了几个钟头。这是很匆匆的旅行，谈不到什么深刻的观察，只有一些初次的印象，写出来留作后日重游的资料（去年七月，燕京大学顾颉刚、郑振铎、吴文藻、谢冰心诸先生组织了一个平绥路沿线旅行团，他们先后共费了六星期，游览的地方比我们多。冰心女士有几万字的《平绥沿线旅行记》，郑振铎先生等有《西北胜迹》，都是平绥路上游人不可少的读物）。

我们这一次同行的人都是康乃尔大学的旧同学，也可以说是一个康乃尔同学的旅行团。金旬卿先生（涛）是平绥路的总工程师，他是我们康乃尔同学中的前辈。现任的平绥路局长沈立孙先生（昌）也是康乃尔的后期同学。平绥路上向来有不少的康乃尔同学担任机务工务的事；这两年来平绥路的大整顿更是沈金两位努力的成绩。我们这一次旅行的一个目的是要参观这几个同学在短时期中造成的奇绩。

平绥路自从民国十二年以来，屡次遭兵祸，车辆桥梁损失最大。民国十七八年时，机车只剩七十二辆，货车只剩五百八十三辆（抵民国十三年的三分之一），客车只剩三十二辆（抵民国十五年的六分之一），货运和客运都不能维持了。加上政治的紊乱，管理的无法，债务的累积，这条铁路就成了全国最破坏最腐败的铁路。丁在君先生每回带北大学生去口外作地质旅行回来，总对我们诉说平绥路的腐败情形；他在他的《苏俄游记》里，每次写火车上的痛苦，也总提出平绥路来作比较。我在北平住了这么多年，到去年才去游长城，这虽然是因为我懒于旅行，其实一半也因为我

耳朵里听惯了这条路腐败的可怕。

但我们这一次旅行平绥路全线,真使我们感觉一种奇绩的变换。车辆(机车、货车、客车)虽然还没有完全恢复此路全盛时的辆数,然而修理和购买的车辆已可以勉强应付全路的需要了。特别快车的整理,云岗与长城的特别游览车的便利,是大家知道的。有一些重要而人多忽略的大改革,是值得记载的:1、枕木的改换。全路枕木一百五十多万根,年久了,多有朽坏;这两年中,共换了新枕木六十万根。2、造桥。全路约有桥五百孔,两年中改造的已有一百多孔;凡新造的桥,都用钢梁,增加原有的载重量。3、改线。平绥路有些地方,坡度太陡,弯线太紧,行车很困难,故有改路线的必要。最困难的是那有名的"关沟段"(自南口起至康庄止)。这两年中,改线的路已成功的约有十一英里。

平绥路的最大整顿是债务的清理。这条路在二十多年中,借内外债总额为七千六百余万元,当金价最高时,约值一万万元。而全路的财产不过值六千万元。所以人都说平绥是一条最没有希望的路。沈立孙局长就职后,他决心要整理本路的债务。他的办法是把债务分作两种,本金在十万元以上的债款为巨额债户,十万元以下的为零星债户。零星债款的偿还有两个办法:一为按本金折半,一次付清,不计利息;一为按本金全数分六十期摊还,也不计利息。巨额债款的偿还办法是照一本一利分八百期摊还。巨额债户之中,有几笔很大的外债,如美国的泰康洋行,如日本的三井洋行与东亚兴业株式会社,都是大债主。大多数债户对于平绥路,都是久已绝望的,现在平绥路有整理债务的方案出来,大家都喜出望外,所以都愿意迁就路局的办法。所以第一年整理的结果,就清理了六十二宗借款,原欠本利总数为六千一百八十五万余元,占全路总债额约十分之八,清理之后,减折作三千六百三十万余元。所以一年整理的结果居然减少了两千五百五十余万元的负债,这真可说是一种奇绩了。

我常爱对留学回来的朋友讲一个故事。十九世纪中,英国有一个宗教运动,叫作"牛津运动"(Oxford Movement),其中有一个领袖就是后来投入天主教,成为主教的牛曼(Cardinal Newman)。牛曼和他的同志们作了不少的宗教诗歌,写在一本小册子上;在册子的前面,牛曼题了一句荷马的诗,他自己译成英文:You shall see the difference, now that we are bach a-gain,我曾译成中文,就是:"现在我们回来了,你们请看,要换个样子了。"我常说,个个留学生都应该把这句话刻在心上,作我们的口号。可惜许多留学回来的朋友都没有这种气魄敢接受这句口号。这一回我们看了我们的一位少年同学(沈局长今年只有三十一岁)在最短时期中把一条最腐败的铁路变换成一条最有成绩的铁路,可见一二人的心力真可以使山河变色,牛曼的格言是不难作到的。

当然,平绥路的改革成绩不全是一二人的功劳,最大的助力是中央政治的权力达到了全路的区域。这条路经过四省(河北、察、山西、绥),若如从前的割据局势,各军队可以扣车,可以干涉路政,可以扣留路款,可以随便作战,那么,虽有百十个沈昌,也不会有成绩。现在政治统一的势力能够达到全路,所以全路的改革能逐渐实行。现在平绥路每月只担负北平军分会的经费六十万元,此外各省从不闻有干涉铁路收入的事;察哈尔和绥远两个省政府各留一辆包车,此外也绝无扣车的事。现在各省的军政领袖也颇能明白铁路上的整顿有效就是直接间接的增加各省府的财政收入,所以他们也都赞助铁路当局的改革工作。这都可见政治统一是内政一切革新的基本条件。有了这个基本条件,加上个人的魄力与新式的知识训练,肯作事的人断乎不怕没有好成绩的。

我们这回旅行的另一个目的是游览大同的云岗石窟。我个人抱了游云岗的心愿,至少有十年了,今年才得如愿,所以特别高兴。我们到了云岗,才知道这些大石窟不是几个钟头看得完的,至少须要一个星期的详细攀登赏玩,还要带着很好的工具,才可以得着一些正确的印象。我们在云岗勾留了不过两个多钟头,当然不能作详细的报告。

云岗在大同的西面,在武州河的西岸,古名武州塞,又称武州山。从大同到此,约三十里,有新修的汽车路,虽须两次涉武州河,但道路很好,大雨中也不觉得困难。云岗诸石窟,旧有十大寺,久已毁坏。顺治八年总督佟养量重修其一小部分,称为石佛古寺。这一部分现存两座三层楼,气象很狭小简陋,决不是原来因山造寺的大规模。两楼下各有大佛,高五丈余,从三层楼上才望见佛头。这一部分,清朝末年又重修过,大佛都被装金,岩上石刻各佛也都被装修涂彩,把原来雕刻的原形都遮掩了。

道宣《续高僧传》卷一《昙曜传》说:

> 昙曜……住恒安石窟通乐寺,即魏帝之所造也。去恒安西北三十里,武州山谷北面石岩,就而镌之,建立佛寺,名曰灵岩。龛之大

者，举高二十余丈，可受三千许人。面别镌象，穷诸巧丽；龛别异状，骇动人神。栉比相连，三十余里。东头僧寺，恒供千人。碑碣现存，未卒陈委。

以我们所见诸石窟，无有"可受三千许人"的龛，也无有能"恒供千人"的寺。大概当日石窟十寺的壮丽弘大，已非我们今日所能想象了。大凡一个宗教的极盛时代，信士信女都充满着疯狂的心理，烧臂焚身都不顾惜，何况钱捐的布施？所以六朝至唐朝的佛寺的穷极侈丽，是我们在这佛教最衰微的时代不能想象的。北魏建都大同，《魏书·释老志》说，当太和初年（477年），"京城内寺，新旧且百所，僧尼二千余人。四方诸寺六千四百七十八，僧尼七万七千二百五十八人。"太和十七年（493年）迁都洛阳，杨衒之在《洛阳伽蓝记序》中说："京城表里凡有一千余寺。"杨衒之在东魏武定五年（547年）重到洛阳，他只看见：

城郭崩毁，宫室倾覆，寺观灰烬，庙塔丘墟。墙被蒿艾，巷罗荆棘。野兽穴于荒阶，山鸟巢于庭树；游儿牧竖踯躅于九逵，农夫耕稼艺黍于双阙。

我们在一千五百年后来游云岗，只看见这一座很简陋的破寺，寺外一道残破的短墙，包围着七八处大石窟；短墙之西，还有九个大窟，许多小窟，面前都有贫民的土屋茅棚，猪粪狗粪满路都是，石窟内也往往满地是鸽翎与鸽粪，又往往可以看见乞丐住宿过的痕迹。大像身上有许多大大小小的圆孔，当初都是镶嵌珠宝的，现在都挖空了；大像的眼珠都是用一种黑石磋光了嵌进去的，现在只有绝少数还存在了。诸窟中的小像，凡是砍得下的头颅，大概都被砍下偷卖掉了。佛力久已无灵，老百姓没有饭吃，要借诸佛的头颅和眼珠子卖几块钱来活命，还不是很正当的吗？

日本人佐藤孝任曾在云岗住了一个月，写了一部《云岗大石窟》（华北正报社出版），记载此地许多石窟的情形很详细，附图很多，有不能照相的，往往用笔速写勾摹，所以是一部很有用的云岗游览参考书。佐藤把云岗分作四大区：

东方四大窟

中央十大窟　　（在围墙内）

西方九大窟

西端诸小窟

东方诸窟散在武州河岸，我们都没有去游。西端诸窟，我们也不曾去。我们看的是中央十窟和西方九窟。我们平日在地理书或游览书上最常见的露天大佛（高五丈多），即在西方的第九窟。我们看这露天大石佛和他的背座，可以想象此大佛当日也曾有龛有寺，寺是毁了，龛是被风雨侵蚀过甚（此窟最当北风，故受侵蚀最大），也坍塌了。

依我的笨见看来，此间的大佛都不过是大的可惊异而已，很少艺术的意味。最有艺术价值是壁上的浮雕，小龛的神像，技术是比较自由的，所以创作的成分往往多于模仿的成分。

中央诸窟，因为大部分曾经后人装金涂彩，多不容易看出原来的雕刻艺术。西方诸窟多没有重装重涂，又往往受风雨的侵蚀，把原来的斧凿痕都销去了，所以往往格外圆润老拙的可爱。此山的岩石是沙岩，最容易受风蚀；我们往往看见整块的几丈高岩上成千的小佛像都被磨蚀到仅仅存一些浅痕了。有许多浮雕连浅痕也没有了，我们只能从他们旁边雕刻的布置，推想当年的痕迹而已。

因此我们得两种推论：第一，云岗诸石窟是一千五百年前的佛教美术的一个重要中心，从宗教史和艺术史的立场，都是应该保存的。一千五百年中，天然的风蚀，人工的毁坏，都已糟塌了不少了。国家应该注意到这一个古雕刻的大结集，应该设法保护它，不但要防人工的继续偷毁，还要设法使它可以避免风雨沙日的侵蚀。

第二，我们还可以作一个历史的推论。唐初的道宣在《昙曜传》里说到武州山的石窟寺，有"碑碣现存"的一句话。何以今日云岗诸窟竟差不多没有碑记可寻呢？何以古来记录山西金石的书（如胡聘之的《山右石刻丛编》）都不曾收有云岗的碑志呢？我们可以推想，当日的造像碑碣，刻在沙岩之上，凡露在风日侵蚀之下的，都被自然磨灭了。碑碣刻字都不很深，浮雕的佛像尚且被风蚀了，何况浅刻的碑字呢？

马叔平先生说，云岗现存三处古碑碣。我只见一处。郑振铎先生记载着"大茹茹"刻石，可辨认的约有二十字，此碑我未见。其余一碑，似乎郑先生也未见。我见的一碑在佐藤书中所谓"中央第七窟"的石壁很高处，此壁在里层，不易被风蚀，故全碑约三百五十字，大致都还可读。此碑首行有"邑师法宗"四字，似乎是撰文的人。文中说：

太和七年（483年）岁在癸亥八月三十日邑□信士女等五十四人

> ……遭值圣主，道教天下，绍隆三宝，……乃使长夜改昏，久寝斯悟。弟子等……意欲仰酬洪泽，……是以共相劝合，为国兴福，敬造石瘖形象九十五区，及诸菩萨。……

造像碑文中说造形像九十五区，证以龙门造像碑记，"区"字后来多作"躯"字，此指九十五座小像，"及诸菩萨"乃是大像。此碑可见当日不但帝后王公出大财力造此大石窟，还有不少私家的努力；如此一大窟乃是五十四个私人的功力，可以想见当日信力之强，发愿之弘大了。

云岗旧属朔平府左云县。关于石窟的记载，《山西通志》（雍正间觉罗石麟修）与《朔平府志》都说：

> 石窟十寺，……后魏建，始神瑞（414—415 年），终正光（520—524 年），历百年而工始竣。其寺一同升，二灵光，三镇国，四护国，五崇福，六童子，七能仁，八华严，九天宫，十兜率。孝文帝亟游幸焉。内有元时石佛二十龛（末句《嘉庄一统志》，作"内有元载所修石佛十二龛"。元载是唐时宰相。《一统志》似有所据，《通志》与《府志》似是妄改的）。

神瑞是在太武帝毁佛法之前，而正光远在迁都洛阳之后。旧志所记，当有所本。大概在昙曜以前，早已有人依山岩凿石龛刻佛像了。毁法之事（446—451 年）使一般佛教徒感觉到政治权力可以护法，也可以根本铲除佛法。昙曜大概从武州塞原有的石龛得着一个大暗示，他就发大愿心，要在那坚固的沙岩之上，凿出大石窟，雕出绝大的佛像，要使这些大石窟和大石像永永为政治势力所不能摧毁。《魏书·释老志》记此事的年月不很清楚，大概他干这件绝大工程当在他作"沙门统"的任内。《释老志》记他代师贤为"沙门统"，在和平初年（约460 年），后文又记尚书令高肇引"故沙门统昙曜昔于承明元年（476 年）奏"，可知昙曜的"沙门统"至少作了十七八年。这是国家统辖佛教徒的最高官，他又能实行一种大规模的筹款政策（见《释老志》），所以他能充分用国家和全国佛教徒的财力来"凿山石壁，开窟五所，镌造佛像各一，高者七十尺，次六十尺，雕饰奇伟，冠于一世。"我们可以说，云岗的石窟虽起源在五世纪初期，但伟大的规模实创始于五世纪中叶以后昙曜作沙门统的时代。后来虽然迁都了，代都的石窟工程还继续到六世纪的初期，而洛都的皇室与佛教徒又在新京的伊阙山"准代京灵岩寺石窟"开凿更伟大的龙门石窟了（龙门石窟开始于景明初，当西历五百年，至隋唐尚未歇）。故昙曜不但是云岗石窟的设计者，也可以说是伊阙石窟的间接设计者了。

昙曜凿石作大佛像，要使佛教和岩石有同样的坚久，永远不受政治势力的毁坏。这个志愿是很可钦敬的。只可惜人们的愚昧和狂热都不能和岩石一样的坚久！时势变了，愚昧渐渐被理智风蚀了，狂热也渐渐变冷静了。岩石凿的六丈大佛依然挺立在风沙里，而佛教早已不用"三武一宗"的摧残而自己毁灭了，消散了。云岗伊阙只够增加我们吊古的感喟，使我们感叹古人之愚昧与狂热真不可及而已！

二十四．七．二十八夜

近代名人文库精粹

丁在君这个人

傅孟真先生的《我所认识的丁文江先生》，是一篇很伟大的文章，只有在君当得起这样一篇好文章。孟真说：

> 我以为在君确是新时代最良善最有用的中国人之代表；他是欧化中国过程中产生的最高的菁华；他是用科学知识作燃料的大马力机器；他是抹杀主观，为学术为社会为国家服务者，为公众之进步及幸福而服务者。

这都是最确切的评论。这里只有"抹杀主观"四个字也许要引起他的朋友的误会。在君是主观很强的人，不过孟真的意思似乎只是说他"抹杀私意""抹杀个人的利害"。意志坚强的人都不能没有主观，但主观是和私意私利绝不相同的。王文伯先生曾送在君一个绰号，叫作 the conclusionist，可译作"一个结论家"。这就是说，在君遇事总有他的"结论"，并且往往不放松他的"结论"。一个人对于一件事的"结论"多少总带点主观的成分，意志力强的人带的主观成分也往往比较一般人要多些。这全靠理智的训练深浅来调剂。在君的主观见解是很强的，不过他受的科学训练较深，所以他在立身行道的大关节目上终不愧是一个科学时代的最高产儿。而他的意志的坚强又使他忠于自己的信念，知了就不放松，就决心去行，所以成为一个最有动力的现代领袖。

在君从小不喜欢吃海味，所以他一生不吃鱼翅鲍鱼海参。我常笑问他：这有什么科学的根据？他说不出来，但他终不破戒。但是他有一次在贵州内地旅行，到了一处地方，他和他的跟人都病倒了。本地没有西医，在君是绝对不信中医的，所以他无论如何不肯请中医诊治，他打电报到贵阳去请西医，必须等贵阳的医生赶到了他才肯吃药。医生还没有赶到，他的跟人已病死了，人都劝在君先服中药，他终不肯破戒。我知道他终身不曾请教过中医，正如他终身不肯拿政府干薪，终身不肯因私事旅行借用免票坐火车一样的坚决。

我常说，在君是一个欧化最深的中国人，是一个科学化最深的中国人。在这一点根本立场上，眼中人物真没有一个人能比上他。这也许是因为他十五岁就出洋，很早就受了英国人生活习惯的影响的缘故。他的生活最有规则：睡眠必须八小时，起居饮食最讲究卫生，在外面饭馆里吃饭必须用开水洗杯筷；他不喝酒，常用酒来洗筷子；夏天家中吃无皮的水果，必须在滚水里浸二十秒钟。他最恨奢侈，但他最注重生活的舒适和休息的重要：差不多每年总要寻一个歇夏的地方，很费事的布置他全家去避暑；这是大半为他的多病的夫人安排的，但自己也必须去住一个月以上；他的弟弟、侄儿、内侄女，都往往同去，有时还邀朋友去同住。他绝对服从医生的劝告：他早年有脚痒病，医生说赤脚最有效，他就终身穿有多孔的皮鞋，在家常赤脚，在熟朋友家中也常脱袜子，光着脚谈天，所以他自称"赤脚大仙"。他吸雪茄烟有二十年了，前年他脚指有点发麻，医生劝他戒烟，他立刻就戒绝了。这种生活习惯都是科学化的习惯；别人偶一为之，不久就感觉不方便，或怕人讥笑，就抛弃了。在君终身奉行，从不顾社会的骇怪。

他的立身行己，也都是科学化的，代表欧化的最高层。他最恨人说谎，最恨人懒惰，最恨人滥举债，最恨贪污。他所谓"贪污"，包括拿干薪，用私人，滥发荐书，用公家免票来作私家旅行，用公家信笺来写私信，等等。他接受淞沪总办之职时，我正和他同住在上海客利饭店，我看见他每天接到不少的荐书。他叫一个书记把这些荐信都分类归档，他就职后，需要用某项人时，写信通知有荐信的人定期来受考试，考试及格了，他都雇用；不及格的，他一一通知他们的原荐人。他写信最勤，常怪我案上堆积无数未复的信。他说："我平均写一封信费三分钟，字是潦草的，但朋友接着我的回信了。你写信起码要半点钟，结果是没有工夫写信。"蔡子民先生说在君"案无留牍"，这也是他的欧化的精神。

罗文干先生常笑在君看钱太重，有寒伧气。其实这正是他的小心谨慎之处。他用钱从来不敢超过他的收入，所以能终身不欠债，所以能终身不仰面求人，所以能终身保持一个独立的清白之身。他有时和朋友打牌，总把输赢看得很重，他手里有好牌时，手心常出汗，我们常取笑他，说摸他的手心可以知道他的牌。罗文干先生是富家子弟出身，所以更笑他寒伧。

及今思之，在君自从留学回来，担负一个大家庭的求学经费，有时候每年担负到三千元之多，超过他的收入的一半，但他从无怨言，也从不欠债；宁可抛弃他的学术生活去替人办煤矿，他不肯用一个不正当的钱，这正是他的严格的科学化的生活规律不可及之处；我们嘲笑他，其实是我们穷书生而有阔少爷的脾气，真不配批评他。

在君的私生活和他的政治生活是一致的。他的私生活的小心谨慎就是他的政治生活的预备。民国十一年，他在《努力周报》第七期上（署名"宗淹"）曾说，我们若想将来作政治生活，应作这几种预备：

第一，是要保存我们"好人"的资格。消极的讲，就是不要"作为无益"；积极的讲，是躬行克己，把责备人家的事从我们自己作起。

第二，是要作有职业的人，并且增加我们职业上的能力。

第三，是设法使得我们的生活程度不要增高。

第四，就我们认识的朋友，结合四五个人、八九个人的小团体，试作政治生活的具体预备。

看前面的三条，就可以知道在君处处把私生活看作政治生活的修养。民国十一年他和我们几个人组织"努力"，我们的社员有两个标准：一是要有操守，二是要在自己的职业上站得住。他最恨那些靠政治吃饭的政客。他当时有一句名言："我们是救火的，不是趁火打劫的。"（《努力》第六期）他作淞沪总办时，一面整顿税收，一面采用最新式的簿记会计制度。他是第一个中国大官卸职时半天办完交代的手续的。

在君的个人生活和家庭生活，孟真说他"真是一位理学大儒"。在君如果死而有知，他读了这句赞语定要大生气的！他幼年时代也曾读过宋明理学书，但他早年出洋以后，最得力的是达尔文、赫胥黎一流科学家的实事求是的精神训练。他自己曾说：

科学……是教育同修养最好的工具。因为天天求真理，时时想破除成见，不但使学科学的人有求真理的能力，而且有爱真理的诚心。无论遇见什么事，都能平心静气去分析研究，从复杂中求简单，从紊乱中求秩序；拿论理来训练他的意想，而意想力愈增；用经验来指示他的直觉，而直觉力愈活。了然于宇宙生物心理种种的关系，才能够真知道生活的乐趣。这种活泼泼的心境，只有拿望远镜仰察过天空的虚漠，用显微镜俯视过生物的幽微的人，方能参领的透彻，又岂是枯

坐谈禅妄言玄理的人所能梦见？（《努力》第四十九期，《玄学与科学》）

这一段很美的文字，最可以代表在君理想中的科学训练的人生观。他最不相信中国有所谓"精神文明"，更不佩服张君劢先生说的"自孔孟以至宋元明之理学家侧重内生活之修养，其结果为精神文明"。民国十二年四月中在君发起"科学与玄学"的论战，他的动机其实只是要打倒那时候"中外合璧式的玄学"之下的精神文明论。他曾套顾亭林的话来骂当日一班玄学崇拜者：

> 今之君子，欲速成以名于世，语之以科学，则不愿学，语之以柏格森杜里舒之玄学，则欣然矣，以其袭而取之易也（同上）。

这一场的论战现在早已被人们忘记了，因为柏格森杜里舒的玄学又早已被一批更时髦的新玄学"取而代之"了。然而我们在十三四年后回想那一场论战的发难者，他终身为科学僇力，终身奉行他的科学的人生观，运用理智为人类求真理，充满着热心为多数谋福利，最后在寻求知识的工作途中，歌唱着"为语麻姑桥下水，出山要比在山清"，悠然的死了，——这样的一个人，不是东方的内心修养的理学所能产生的。

丁在君一生最被人误会的是他在民国十五年的政治生活。孟真在他的长文里，叙述他在淞沪总办任内的功绩，立论最公平。他那个时期的文电，现在都还保存在一个好朋友的家里，将来作他传记的人（孟真和我都有这种野心）必定可以有详细公道的记载给世人看，我们此时可以不谈。我现在要指出的，只是在君的政治兴趣。十年前，他常说："我家里没有活过五十岁的，我现在快四十岁了，应该趁早替国家作点事。"这是他的科学迷信，我们常常笑他。其实他对政治是素来有极深的兴趣的。他是一个有干才的人，绝不像我们书生放下了笔杆就无事可办，所以他很自信有替国家作事的能力。他在民国十二年有一篇《少数人的责任》的讲演（《努力》第六十七期），最可以表示他对于政治的自信力和负责任的态度。他开篇就说：

> 我们中国政治的混乱，不是因为国民程度幼稚，不是因为政客官僚腐败，不是因为武人军阀专横；是因为"少数人"没有责任心，而且没有负责任的能力。

他很大胆的说：

中年以上的人，不久是要死的；来替代他们的青年，所受的教育，所处的境遇，都是同从前不同的。只要有几个人，有不折不回的决心，拔山蹈海的勇气，不但有知识而且有能力，不但有道德而且要作事业，风气一开，精神就要一变。

他又说：

只要有少数里面的少数，优秀里面的优秀，不肯束手待毙，天下事不怕没有办法的。……最可怕的是一种有知识有道德的人不肯向政治上去努力。

他又告诉我们四条下手的方法，其中第四条最可注意。他说：

要认定了政治是我们唯一的目的，改良政治是我们唯一的义务。不要再上人家当，说改良政治要从实业教育着手。

这是在君的政治信念。他相信，政治不良，一切实业教育都办不好。所以他要我们少数人挑起改良政治的担子来。

然而在君究竟是英国自由教育的产儿，他的科学训练使他不能相信一切破坏的革命的方式。他曾说：

我们是救火的，不是趁火打劫的。

其实他的意思是要说，

我们是来救火的，不是来放火的。

照他的教育训练看来，用暴力的革命总不免是"放火"，更不免要容纳无数"趁火打劫"的人。所以他只能期待"少数里的少数，优秀里的优秀"起来担负改良政治的责任，而不能提倡那放火式的大革命。

然而民国十五六年之间，放火式的革命到底来了，并且风靡了全国。在那个革命大潮流里，改良主义者的丁在君当然成了罪人了。在那个时代，在君曾对我说："许子将说曹孟德可以作'治世之能臣，乱世之奸雄'；我们这班人恐怕只可以作'治世之能臣，乱世之饭桶'吧！"

这句自嘲的话，也正是在君自赞的话。他毕竟自信是"治世之能臣"。他不是革命的材料，但他所办的事，无一事不能办的顶好。他办一个地质研究班，就可以造出许多奠定地质学的台柱子；他办一个地质调查所，就能在极困难的环境之下造成一个全世界知名的科学研究中心；他作了不到一年的上海总办，就能建立起一个大上海市的政治、财政、公共卫生的现代式基础；他作了一年半的中央研究院的总干事，就把这个全国最大的科学研究机关重新建立在一个合理而持久的基础之上。他这二十多年的建设成绩是不愧负他的科学训练的。

在君的为人是最可敬爱，最可亲爱的。他的奇怪的眼光，他的虬起的德国威廉皇帝式的胡子，都使小孩子和女人见了害怕。他对不喜欢的人，总是斜着头，从眼镜的上边看他，眼睛露出白珠多，黑珠少，怪可嫌的！我曾对他说："从前史书上说阮籍能作青白眼，我向来不懂得；自从认得了你，我才明白了'白眼对人'是怎样一回事！"他听了大笑。其实同他熟了，我们都只觉得他是一个最和蔼慈祥的人。他自己没有儿女，所以他最喜欢小孩子，最爱同小孩子玩，有时候他伏在地上作马给他们骑。他对朋友最热心，待朋友如同自己的弟兄儿女一样。他认得我不久之后，有一次他看见我喝醉了酒，他十分不放心，不但劝我戒酒，还从《尝试集》里挑了我的几句戒酒诗，请梁任公先生写在扇子上送给我（可惜这把扇子丢了）。十多年前，我病了两年，他说我的家庭生活太不舒适，硬逼我们搬家；他自己替我们看定了一所房子，我的夫人嫌每月八十元的房租太贵，那时我不在北京，在君和房主说妥，每月向我的夫人收七十元，他自己代我垫付十元！这样热心爱管闲事的朋友是世间很少见的。他不但这样待我，他待老辈朋友，如梁任公先生，如葛利普先生，都是这样亲切的爱护，把他们当作他最心爱的小孩子看待！

他对于青年学生，也是这样的热心：有过必规劝，有成绩则赞不绝口。民国十八年，我回到北平，第一天在一个宴会上遇见在君，他第一句话就说："你来，你来，我给你介绍赵亚会！这是我们地质学古生物学新出的一个天才，今年得地质奖学金的！"他那时脸上的高兴快乐是使我很感动的。后来赵亚会先生在云南被土匪打死了，在君哭了许多次，到处为他出力征募抚恤金。他自己担任亚会的儿子的教育责任，暑假带他同去歇夏，自己督责他补功课；他南迁后，把他也带到南京转学，使他可以时常督教他。

在君是个科学家，但他很有文学天才；他写古文白话文都是很好的。他写的英文可算是中国人之中的一把高手，比许多学英国文学的人高明的多。他也爱读英法文学书，凡是罗素、威尔士、J. M. Keynes 的新著作，他都全购读。他早年喜欢写中国律诗，近年听了我的劝告，他不作律诗了，有时还作绝句小诗，也都清丽可喜。朱经农先生的纪念文里有在君得

病前一日的《衡山纪游诗》四首,其中至少有两首是很好的。他去年在莫干山作了一首骂竹子的五言诗,被林语堂先生登在《宇宙风》上,是大家知道的。民国二十年,他在秦皇岛避暑,有一天去游北戴河,作了两首怀我的诗,其中一首云:

> 峰头各采山花戴,海上同看明月生;
> 此乐如今七寒暑,问君何日践新盟。

后来我去秦皇岛住了十天,临别时在君用元微之送白乐天的诗韵作了两首诗送我:

> 留君至再君休怪,十日留连别更难。
> 从此听涛深夜坐,海天漠漠不成欢!

> 逢君每觉青来眼,顾我而今白到须。
> 此别原知旬日事,小儿女态未能开。

这三首诗都可以表现他待朋友的情谊之厚。今年他死后,我重翻我的旧日记,重读这几首诗,真有不堪回忆之感,我也用元微之的原韵,写了这两首诗纪念他:

> 明知一死了百愿,无奈余哀欲绝难!
> 高谈看月听涛坐,从此终生无此欢!

> 爱憎能作青白眼,妩媚不嫌虬怒须。
> 捧出心肝待朋友,如此风流一代无。

这样一个朋友,这样一个人,是不会死的。他的工作,他的影响,他的流风遗韵,是永远留在许多后死的朋友的心里的。

廿五·二·九夜

高梦旦先生小传

民国十年的春末夏初,高梦旦先生从上海到北京来看我。他说,他现在决定辞去商务印书馆编译所所长的事,他希望我肯去作他的继任者。他说:"北京大学固然重要,我们总希望你不会看不起商务印书馆的事业。我们的意思确是十分诚恳的。"

那时我还不满三十岁,高先生已是五十多岁的人了。他的谈话很诚恳,我很受感动。我对他说:"我决不会看不起商务印书馆的工作。一个支配几千万儿童的知识思想的机关,当然比北京大学重要多了。我所虑的只是怕我自己干不了这件事。"当时我答应他夏天到上海商务印书馆去住一两个月,看看里面的工作,并且看看我自己配不配接受梦旦先生的付托。

那年暑假期中,我在上海住了四十五天,天天到商务印书馆编译所去,高先生每天把编译所各部分的工作指示给我看,把所中的同事介绍和我谈话。每天他家中送饭来,我若没有外面的约会,总是和他同吃午饭。我知道他和馆中的老辈张菊生先生、鲍咸昌先生、李拔可先生,对我的意思都很诚恳。但是我研究的结果,我始终承认我的性情和训练都不配作这件事。我很诚恳的辞谢了高先生。他问我意中有谁可任这事,我推荐王云五先生,并且介绍他和馆中各位老辈相见。他们会见了两次之后,我就回北京去了。

我走后,高先生就请王云五先生每天到编译所去,把所中的工作指示给他看,和他从前指示给我看一样。一个月之后,高先生就辞去了编译所所长,请王先生继他的任,他自己退居出版部部长,尽心尽力的襄助王先生作改革的事业。

民国十九年,王云五先生作了商务印书馆的总理。民国二十一年一月,商务印书馆的闸北各厂都被日本军队烧毁了。兵祸稍定,王先生决心

要作恢复的工作。高先生和张菊生先生本来都已退休了,当那危急的时期,他们每天都到馆中来襄助王先生办事。两年之中,王先生苦心硬干,就作到了恢复商务印书馆的奇绩。

我特记载这个故事,因为我觉得这是一件美谈。王云五先生是我的教师,又是我的朋友,我推荐他自代,这并不足奇怪。最难能的是高梦旦先生和馆中几位老辈,他们看中了一个少年书生,就要把他们毕生经营的事业付托给他;后来又听信这个少年人的几句话,就把这件重要的事业付托给了一个他们平素不相识的人。这是老成人为一件大事业求付托人的苦心,是大政治家谋国的风度。这是值得大书深刻,留给世人思念的。

高梦旦先生,福建长乐县人,原名凤谦,晚年只用他的表字"梦旦"为名。"梦旦"是在梦梦长夜里想望晨光的到来,最足以表现他一生追求光明的理想。他早年自号"崇有",取晋人裴頠《崇有论》之旨,也最可以表现他一生崇尚实事痛恨清谈的精神。

因为他期望光明,所以他最能欣赏也最能了解这个新鲜的世界。因为他崇尚实事,所以他不梦想那光明可以立刻来临,他知道进步是一点一滴的积聚成的,光明是一线一线的慢慢来的。最要紧的条件只是人人尽他的一点一滴的责任,贡献他一分一秒的光明。高梦旦先生晚年发表了几件改革的建议,标题引一个朋友的一句话:"都是小问题,并且不难办到。"这句引语最能写出他的志趣。他一生作的事,三十年编纂小学教科书,三十年提倡他的十三个月的历法,三十年提倡简笔字,提倡电报的改革,提倡度量衡的改革,都是他认为不难作到的小问题。他的赏识我,也是因为我一生只提出一两个小问题,锲而不舍的作去,不敢好高骛远,不敢轻谈根本改革,够得上作他的一个小同志。

高先生的作人,最慈祥,最热心,他那古板的外貌里藏着一颗最仁爱暖热的心。在他的大家庭里,他的儿子、女儿都说:"吾父不仅是一个好父亲,实兼一个友谊至笃的朋友。"他的侄儿、侄女们都说:"十一叔是圣人。"这个圣人不是圣庙里陪吃冷猪肉的圣人,是一个处处能体谅人,能了解人,能帮助人,能热烈的、爱人的、新时代的圣人。他爱朋友,爱社会,爱国家,爱世界。他爱真理,崇拜自由,信仰科学。因为他信仰科学,所以他痛恨玄谈,痛恨迷信,痛恨中医。因为他爱国家社会,所以他爱护人才真如同性命一样。他爱敬张菊生先生,就如同爱敬他的两个哥哥一样。他爱惜我们一班年轻的朋友，就如同他爱护他自己的儿女一样。

他的最可爱之处，是因为他最能忘了自己。他没有利心，没有名心，没有胜心。人都说他冲澹，其实他是浓挚热情。在他那浓挚热烈的心里，他期望一切有力量而又肯努力的人都能成功胜利，别人的成功胜利都使他欢喜安慰，如同他自己的成功胜利一样。因为浓挚热烈，所以冲澹的好像没有自己了。

高先生生于公历一八七〇年一月二十八日，死于一九三六年七月二十三日，葬在上海虹桥公墓。葬后第四个月，他的朋友胡适在太平洋船上写这篇小传。

一九三六．十一．二十六

近代名人文库精粹

演 讲 集

为什么读书

  青年会叫我在未离南方赴北方之前在这里谈谈，我很高兴，题目是"为什么读书"。现在读书运动大会开始，青年会拣定了三个演讲题目。我看第二题目"怎样读书"很有兴味，第三题目"读什么书"更有兴味，第一题目无法讲，为什么读书，连小孩子都知道，讲起来很难为情，而且也讲不好。所以我今天讲这个题目，不免要侵犯其余两个题目的范围，不过我仍旧要为其余两位演讲的人留一些余地。现在我就把这个题目来试一下看。我从前也有过一次关于读书的演讲，后来我把那篇演讲录略事修改，编入三集文存里面，那篇文章题目叫作《读书》，其内容性质较近于第二题目，诸位可以拿来参考。今天我就来试试"为什么读书"这个题目。

  从前有一位大哲学家作了一篇读书乐，说到读书的好处，他说："书中自有千钟粟，书中自有黄金屋，书中自有颜如玉。"这意思就是说，读了书可以作大官，获厚禄，可以不至于住茅草房子，可以娶得年轻的漂亮太太（台下哄笑）。诸位听了笑起来，足见诸位对于这位哲学家所说的话不十分满意，现在我就讲所以要读书的别的原因。

  为什么要读书？有三点可以讲：第一，因为书是过去已经知道的智识学问和经验的一种记录，我们读书便是要接受这人类的遗产；第二，为要读书而读书，读了书便可以多读书；第三，读书可以帮助我们解决困难，应付环境，并可获得思想材料的来源。我一踏进青年会的大门，就看见许多关于读书的标语。为什么读书？大概诸位看了这些标语就都已知道了，现在我就把以上三点更详细地说一说。

  第一，因为书是代表人类老祖宗传给我们的智识的遗产，我们接受了这遗产，以此为基础，可以继续发扬光大，更在这基础之上，建立更高深更伟大的智识。人类之所以与别的动物不同，就是因为人有语言文字，可以把智识传给别人，又传至后人，再加以印刷术的发明，许多书报便印了出来。人的脑很大，与猴不同，人能造出语言，后来更进一步而有文字，又能刻木刻字；所以人最大的贡献就是过去的智识和经验，使后人可以节省许多脑力。非洲野蛮人在山野中遇见鹿，他们就画了一个人和一只鹿以代信，给后面的人，叫他们勿追。但是把智识和经验遗给儿孙有什么用处呢？这是有用处的，因为这是前人很好的教训。现在学校里各种教科书，如物理、化学、历史，等等，都是根据几千年来进步的智识编纂成书的，一年，两年，或者三年，教完一科。自小学、中学，而至大学毕业，这十六年中所受的教育，都是代表我们老祖宗几千年来得来的智识学问和经验。所谓进化，就是叫人节省劳力。蜜蜂虽能筑巢，能发明，但传下来就只有这一点智识，没有继续去改革改良，以应付环境，没有作格外进一步的工作。人呢，达不到目的，就再去求进步，而以前人的智识学问和经验作参考。如果每样东西，要个个人从头学起，而不去利用过去的智识，那不是太麻烦吗？所以人有了这智识的遗产，就可以自己去成家立业，就可以缩短工作，使有余力作别的事。

第二点稍复杂，就是为读书而读书。读书不是那么容易的一件事情，不读书不能读书，要能读书才能多读书。好比戴了眼镜，小的可以放大，糊涂的可以看得清楚，远的可以变为近。读书也要戴眼镜。眼镜越好，读书的了解力也越大。王安石对曾子固说："读经而已，则不足以知经。"所以他对于本草、内经、小说，无所不读，这样对于经才可以明白一些。王安石说："致其知而后读。"

请你们注意，他不说读书以致知，却说，先致知而后读书。读书固然可以扩充知识，但知识越扩充了，读书的能力也越大。这便是"为读书而读书"的意义。

试举《诗经》作一个例子。从前的学者把《诗经》看作"美""刺"的圣书，越讲越不通。现在的人应该多预备几副好眼镜，人类学的眼镜、考古学的眼镜、文法学的眼镜、文学的眼镜。眼镜越多越好，越精越好。例如"野有死麕，白茅包之。有女怀春，吉士诱之"；我们若知道比较民俗学，便可以知道打了野兽送到女子家去求婚，是平常的事。又如"钟鼓乐之，琴瑟友之"，也不必说什么文王太姒，只可看作少年男子在女子的

门口或窗下奏乐唱和,这也是很平常的事。再从文法方面来观察,像《诗经》里"之子于归"、"黄鸟于飞"、"凤凰于飞"的"于"字,此外,《诗经》里又有几百个的"维"字,还有许多"助词"、"语词",这些都是有作用而无意义的虚字,但以前的人却从未注意及此。这些字若不明白,《诗经》便不能懂。再说在《墨子》一书里,有点光学、力学,又有点经济学。但你要懂得光学,才能懂得墨子所说的光;你要懂得各种智识,才能懂得《墨子》里一些最难懂的文句。总之,读书是为了要读书,多读书更可以读书。最大的毛病就在怕读书,怕读难书。越难读的书我们越要征服它们,把它们作为我们的奴隶或向导,我们才能够打倒难书,这才是我们的"读书乐"。若是我们有了基本的科学知识,那末,我们在读书时便能左右逢源。我再说一遍,读书的目的在于读书,要读书越多才可以读书越多。

第三点,读书可以帮助解决困难,应付环境,供给思想材料。知识是思想材料的来源。思想可分作五步。思想的起源是大的疑问。吃饭拉屎不用想,但逢着三叉路口、十字街头那样的环境,就发生困难了。走东或走西,这样作或是那样作,有了困难,才有思想。第二步要把问题弄清,究竟困难在那一点上。第三步才想到如何解决,这一步,俗话叫作出主意。但主意太多,都采用也不行,必须要挑选。但主意太少,或者竟全无主意,那就更没有办法了。第四步就是要选择一个假定的解决方法。要想到这一个方法能不能解决?若不能,那末,就换一个;若能,就行了。这好比开锁,这一个钥匙开不开,就换一个;假定是可以开的,那末,问题就解决了。第五步就是证实。凡是有条理的思想都要经过这五步,或是逃不了这五个阶段。科学家要解决问题,侦探要侦探案件,多经过这五步。

这五步之中,第三步是最重要的关键。问题当前,全靠有主意(Ideas)。主意从那儿来呢?从学问经验中来。没有智识的人,见了问题,两眼白瞪瞪,抓耳挠腮,一个主意都想不来。学问丰富的人,见着困难问题,东一个主意,西一个主意,挤上来,涌上来,请求你录用。读书是过去智识学问经验的记录,而智识学问经验就是要用在这时候,所谓养军千日,用在一朝。否则,学问一些都没有,遇到困难就要糊涂起来。例如达尔文把生物变迁现象研究了几十年,却想不出一个原则去整统他的材料。后来无意中看到马尔萨斯的人口论,说人口是按照几何学级数一倍一倍的增加,粮食是按照数学级数增加,达尔文研究了这原则,忽然触机,就把这原则应用到生物学上去,创了物竞天择的学说。读了经济学的书,可以得着一个解决生物学上的困难问题,这便是读书的功用。古人说:"开卷有益",正是此意。读书不是单为文凭功名,只因为书中可以供给学问知识,可以帮助我们解决困难,可以帮助我们思想。又譬如从前的人以为地球是世界的中心,后来天文学家哥白尼却主张太阳是世界的中心,绕着地球而行。据罗素说,哥白尼所以这样的解说,是因为希腊人已经讲过这句话;假使希腊没有这句话,恐怕更不容易有人敢说这句话吧。这也是读书的好处。有一家书店印了一部旧小说叫作《醒世姻缘》,要我作序。这部书是西周生所著的,印好在我家藏了六年,我还不曾考出西周生是谁。这部小说讲到婚姻问题,其内容是这样:有个好老婆,不知何故,后来忽然变坏,作者没有提及解决方法,也没有想到可以离婚,只说是前世作孽,因为在前世男虐待女,女就投生换样子,压迫者变为被压迫者。这种前世作孽,起先相爱,后来忽变的故事,我仿佛什么地方看见过。后来忽然想起《聊斋》一书中有一篇和这相类似的笔记,也是说到一个女子,起先怎样爱着他的丈夫,后来怎样变为凶太太,便想到这部小说大约是蒲留仙或是蒲留仙的朋友作的。去年我看到一本杂记,也说是蒲留仙作的,不过没有多大证据。今年我在北京,才找到了证据。这一件事可以解释刚才我所说的第二点,就是读书可以帮助读书,同时也可以解释第三点,就是读书可以供给出主意的来源。当初若是没有主意,到了逢着困难时便要手足无措。所以读书可以解决问题,就是军事、政治、财政、思想等问题,也都可以解决,这就是读书的用处。

我有一位朋友,有一次傍着灯看小说,洋灯装有油,但是不亮,因为灯芯短了。于是他想到《伊索寓言》里有一篇故事,说是一只老鸦要喝瓶中的水,因为瓶太小,得不到水,它就衔石投瓶中,水乃上来。这位朋友是懂得化学的,于是加水于灯中,油乃碰到灯芯。这是看《伊索寓言》给他看小说的帮助。读书好像用兵,养兵求其能用,否则即使坐拥十万二十万的大兵也没有用处,难道只好等他们"兵变"吗?

至于"读什么书",下次陈钟凡先生要讲演,今天我也附带地讲一讲。我从五岁起到了四十岁,读了三十五年的书。我可以很诚恳地说,中国旧籍是经不起读的。中国有五千年文化,四部的书已是汗牛充栋。究竟有几

部书应该读,我也曾经想过。其中有条理有系统的精心结构之作,两千五百年以来恐怕只有半打。"集"是杂货店,"史"和"子"还是杂货店。至于"经",也只是杂货店,讲到内容,可以说没有一些东西可以给我们改进道德增进智识的帮助的。中国书不够读,我们要另开生路,辟殖民地,这条生路,就是每一个少年人必须至少要精通一种外国文字。读外国语要读到有乐而无苦,能作到这地步,书中便有无穷乐趣。希望大家不要怕读书,起初的确要查阅字典,但假使能下一年苦功,继续不断作去,那末,在一二年中定可开辟一个乐园,还只怕求知的欲望太大,来不及读呢。我总算是老大哥,今天我就根据我过去三十五年读书的经验,给你们这一个临别的忠告。

怎样读书

我们平常读书的时候，所感到的有三个问题：一、要读什么书；二、读书功用；三、读书方法。

关于要读什么书的一个问题，在《京报》上已经登了许多学者所选定的"青年必读书"，不过这于青年恐怕未必有多大好处，因为都是选者依照个人的主观的见解选定的，还不如读青年自己所爱读的书好。

读书的功用，从前的人无非是为作官，或者以为读了书，"颜如玉"、"黄金屋"一类的东西就会来；现在可不然了，知道读书是求智识，为作人。

读书的方法，据我个人的经验，有两个条件：一、精；二、博。

精

从前有"读书三到"的读书法，实在是很好的；不过觉得三到有点不够，应该有四到，是：眼到，口到，心到，手到。

眼到　是个个字都要认得。中国字的一点一撇，外国的 a，b，c，d，一点也不可含糊，一点也不可放过。那句话初看似很容易，然而我国人犯这错误的毛病的偏是很多。记得有人翻译英文，误 port 为 pork，于是葡萄酒一变而为猪肉了。这何尝不是眼不到的缘故。谁也知道，书是集字而成的，要是字不能认清，就无所谓读书，也不必求学。

口到　前人所谓口到，是把一篇能烂熟地背出来。现在虽没有人提倡背书，但我们如果遇到诗歌以及精彩的文章，总要背下来，它至少能使我们在作文的时候得到一种好的影响，但不可模仿。中国书固然要如此，外国书也要那样去作。进一步说：念书能使我们懂得它文法的结构，和其他的关系。我们有时在小说和剧本上遇到好的句子，尚且要把它记下来，那关于思想学问上的，更是要紧了。

心到 是要懂得每一句、每一字的意思。作到这一点，要有外的帮助，有三个条件：

（一）参考书，如字典、辞典、类书等。平常说："工欲善其事，必先利其器。"我们读书，第一要工具完备。

（二）作文法上的分析。

（三）有时须比较、参考、融会、贯通。往往几个平常的字，有许多解法，倘是轻忽过去，就容易生出错误来。例如，英文中的一个 turn 字，作 vt. 有 15 解；作 vi. 有 13 解；作 n. 有 26 解；共有 54 解。又如 strike，vt. 有 31 解；vi. 有 16 解；n. 有 18 解；共有 65 解。又如 go，vi. 有 22 解；vt. 有 3 解；n. 有 9 解；共有 34 解。

又如中文的"言"字、"于"字、"维"字，都是意义很多的，只靠自己的能力有时固然看不懂，字典里也查不出来，到了这时候非参考比较和融会贯通不可了。

还有前人关于心到很重要的几句话，拿他来说一说。宋人张载说："读书先要会疑，""于不疑处有疑方是进矣。"又说："可疑而不疑者，不曾学，学则须疑。""学贵心悟，守旧无功。"

手到 何谓手到？有几个意思：

（一）标点分段。

（二）查参考书。

（三）作札记。札记分为四种：

甲 抄录备忘。

乙 提要。

丙 记录心得。记录心得也很重要，张横渠曾说：

"心中苟有所开，即便札记，否则还失之矣。"

丁 参考诸书而融会贯通之，作有系统之文章。

手到的功用，可以帮助心到。我们平常所吸收进来的思想，无论是听来的，或者是看来的，不过在脑子里有一点好或坏的模糊而又零碎的东西罢了。倘若费一番工夫，把它芟除的芟除，整理的整理，综合起来作成札记，然后那经过整理和综合的思想，就永久留在脑中，于是这思想就属于自己的了。

博

就是什么书都读。中国人所谓"开卷有益",原也是这个意思。我们为什么要博呢?有两个答案:一、博是为参考;二、博是为作人。

博是为参考 有几个人为什么要戴眼镜呢?(学时髦而戴眼镜的,不在此问题内)。干脆答一句:是因看不清楚,戴了眼镜以后,就可以看清楚了。现在戴了眼镜,看是清楚的,可是不戴眼镜的时候看去还是糊涂的。王安石先生《答曾子固书》里说:

……读经而已,则不足以知经。故某自百家诸子之书,至于《难经》、《素问》、《本草》诸小说,无所不读;农夫女工,无所不问;然后于经为能知其大体而无疑。盖后世之学者,与先王之时异矣;不如是,不足以尽圣人故也。……致其知而后读,以有所去取,故异学不能乱也。惟其不能乱,故能有所去取者,所以明吾道而已。

他"读经而已,则不足以知经"。我们要推开去说:读一书而已,则不足以知其书。比如我们要读《诗经》,最好先去看一看北大的《歌谣周刊》,便觉《诗经》容易懂。倘先去研究一点社会学、文字学、音韵学、考古学等等以后去看《诗经》,就比前更懂得多了。倘若研究一点文学、校勘学、伦理学、心理学、数学、光学以后去看《墨子》,就能全明白了。

大家知道的达尔文研究生物演进状态的时候,费了三十多年的光阴,积了许多材料,但是总想不出一个简单的答案来;偶然读那马尔萨斯的《人口论》,便大悟起来,了解了那生物演化的原则。

所以我们应该多读书,无论什么书都读,往往一本极平常的书中,埋伏着一个很大的暗示。书既是读得多,则参考资料多,看一本书,就有许多暗示从书外来。用一句话包括起来,就是王安石所谓"致其知而后读"。

博是为作人 像旗杆似的孤零零地只有一技之艺的人固然不好,就是

说起来什么也能说的人,然而一点也不精,仿佛是一张纸,看去虽大,其实没有什么实质的也不好。我们理想中的读书人是又精又博,像金字塔那样,又大、又高、又尖。所以我说:"为学当如埃及塔,要能博大要能高。"

找书的快乐

主席、诸位先生：

我不是藏书家，只不过是一个爱读书、能够用书的书生；自己买书的时候，总是先买工具书，然后才买本行书，换一行时，就得另外买一种书。今年我六十九岁了，还不知道自己的本行到底是那一门。是中国哲学呢？还是中国思想史？抑或是中国文学史？或者是中国小说史？《水经注》？中国佛教思想史？中国禅宗史？我所说的"本行"，其实就是我的兴趣，兴趣愈多就愈不能不收书了。十一年前我离开北平时，已经有一百箱的书，大约有一二万册。离开北平以前的几小时，我曾经暗想着：我不是藏书家，但却是用书家。收集了这么多的书，舍弃了太可惜，带吧，因为坐飞机又带不了。结果只带了一些笔记，并且在那一二万册书中，挑选了一部书，作为对一二万册的纪念。这一部书就是残本的《红楼梦》，四本只有十六回。这四本《红楼梦》可以说是世界上最老的抄本。收集了几十年的书，到末了只带了四本，等于当兵缴了械，我也变成一个没有棍子、没有猴子的变把戏的叫化子。

这十一年来，又蒙朋友送了我很多书，加上历年来自己新买的书，又把我现在住的地方堆满了。但是这都是些不相干的书，自己本行的书一本也没有。找资料还需要依靠中研院史语所的图书馆和别的图书馆，如台湾大学图书馆、中央图书馆等救急。

找书有甘苦，真伪费推敲

我这个用书的旧书生，一生找书的快乐固然有，但是找不到书的苦处也尝到过。民国九年（1920年）七月，我开始写《〈水浒传〉考证》的时候，参考的材料只有金圣叹的七十一回本《水浒传》、《征四寇》及《水浒后传》等，至于《水浒传》的一百回本、一百一十回本、一百一十五回本、一百二十回本、一百二十四回本，还都没有看到。等我的《〈水浒传〉

考证》问世的时候,日本才发现《水浒》的一百一十五回本及一百回本、一百一十回本及一百二十回本。同时,我自己也找到了一百一十五回本及一百二十四回本。作考据工作,没有书是很可怜的。考证《红楼梦》的时候,大家知道的材料很多,普通所看到的《红楼梦》都是一百廿回本。这种一百廿回本并非真的《红楼梦》。曹雪芹四十多岁死去时,只写到八十回,后来由程伟元、高鹗合作,一个出钱,一个出力,完成了后四十回。乾隆五十六年的活字版排出了一百廿回的初版本,书前有程、高二人的序文说:"世人都想看到《红楼梦》的全本,前八十回黛玉未死,宝玉未娶,大家极想知道这本书的结局如何,但却无人找到全的《红楼梦》。近因程、高二人在一卖糖摊子上发现有一大卷旧书,细看之下,竟是世人遍寻无着的《红楼梦》后四十回,因此特加校订,与前八十回一并刊出。"可是天下这样巧的事很少,所以我猜想序文中的说法不可靠。

考证红楼梦,清查曹雪芹

三十年前我考证《红楼梦》时,曾经提出两个问题,这是研究红学的人值得研究的:一、《红楼梦》的作者是谁?作者是怎样一个人?他的家世如何?家世传记有没有可考的资料?曹雪芹所写的那些繁华世界是有根据的吗?还是关着门自己胡诌乱说?二、《红楼梦》的版本问题,是八十回?还是一百二十回?后四十回是那里来的?那时候有七八种《红楼梦》的考证,俞平伯、顾颉刚都帮我找过材料。最初发现乾隆五十七年(1792年)有程伟元序的乙本,其中并有高鹗的序文及引言七条,以后发现早一年出版的甲本,证明后四十回是高鹗所续,而由程伟元出钱活字刊印。又从其他许多材料里知道曹雪芹家为江南的织造世职,专为皇室纺织绸缎,供给宫内帝后、妃嫔及太子、王孙等穿戴,或者供皇帝赏赐臣下。后来在清理故宫时,从康熙皇帝一秘密抽屉内发现若干文件,知道曹雪芹的祖父曹寅,等于皇帝派出的特务,负责察看民心年成,或是退休丞相的动态,由此可知曹家为阔绰大户。《红楼梦》中有一段说到王熙凤和李嬷嬷谈皇帝南巡,下榻贾家,可知是真的事实。以后我又经河南的一位张先生指点,找到杨钟羲的《雪桥诗话》及《八旗经文》,以及有关爱新觉罗宗室敦诚、敦敏的记载,知道曹雪芹名霑,号雪芹,是曹寅的孙子;接着又找到了《八旗人诗钞》、《熙朝雅颂集》,找到敦诚、敦敏兄弟赐送曹雪芹的诗;又找到敦诚的《四松堂集》,是一本清抄未删底本,其中有挽曹雪芹的诗，内有"四十年华付杳冥"句，下款年月日为甲申（即乾隆甲申廿九年，西历1764年）。从这里可以知道曹雪芹去世的年代，他的年龄为四十岁左右。

险失好材料，再评石头记

民国十六年我从欧美返国，住在上海，有人写信告诉我，要卖一本《脂砚斋评本〈石头记〉》给我，那时我以为自己的资料已经很多，未加理会。不久以后和徐志摩在上海办新月书店，那人又将书送来给我看，原来是甲戌年手抄再评本，虽然只有十六回，但却包括了很多重要史料。里面有："壬午除夕，书未成，芹为泪尽而逝。甲申年八月泪笔"的句子，指出曹雪芹逝于乾隆廿七年冬，即西历1763年2月12日。"字字看来皆是血，十年辛苦不寻常"诗句，充分描绘出曹雪芹写《红楼梦》时的情态。脂砚斋则可能是曹雪芹的太太或朋友。自从民国十七年二月我发表了《考证〈红楼梦〉的新材料》之后，大家才注意到《脂砚斋评本〈石头记〉》。不过，我后来又在民国廿二年从徐星署先生处借来一部庚辰秋定本脂砚斋四阅评过的《石头记》，是乾隆廿五年本，八十回，其中缺六十四、六十七两回。

谈《儒林外史》，推赞吴敬梓

现在再谈谈我对《儒林外史》的考证。《儒林外史》是部骂当时教育制度的书，批评政治制度中的科举制度。我起初发现的只有吴敬梓的《文木山房集》中的赋一卷（四篇）、诗二卷（一百三十一首）、词一卷（四十七首），拿这当作材料。但是在一百年前，我国的大诗人金和，他在跋《儒林外史》时，说他收有《文木山房集》，有文五卷。可是一般人都说《文木山房集》没有刻本，我不相信，便托人在北京的书店找，找了几年都没有结果，到了民国七年才在带经堂书店找到。我用这本集子参考安徽《全椒县志》，写成一本一万八千字的《吴敬梓年谱》，中国小说传记资料，没有一个能比这更多的，民国十四年我把这本书排印问世。

如果拿曹雪芹和吴敬梓二人作一个比较，我觉得曹雪芹的思想很平凡，而吴敬梓的思想则是超过当时的时代，有着强烈的反抗意识。吴敬梓在《儒林外史》里，严刻地批评教育制度，而且有他的较科学化的观念。

有计划找书，考证神会僧

前面谈到的都是没有计划的找书，有计划的找书更是其乐无穷。所谓

有计划的找书,便是用"大胆的假设,小心的求证"方法去找书。现在再拿我找神会和尚的事作例子,这是我有计划的找书。神会和尚是唐代禅宗七祖大师,我从《宋高僧传》的慧能和神会传里发现神会和尚的重要,当时便作了个大胆的假设,猜想有关神会和尚的资料只有在日本和敦煌两地可以发现。因为唐朝时,日本派人来中国留学的很多,一定带回去不少史料。经过"小心的求证",后来果然在日本找到宗密的《圆觉大疏钞》和《禅源诸诠集》;另外又在巴黎的国家图书馆及伦敦的大英博物馆发现数卷神会和尚的资料。知道神会和尚是湖北襄阳人,到洛阳、长安传布大乘佛法,并指陈当时的两京法祖三帝国师非禅宗嫡传,远在广东的六祖慧能才是真正禅宗一派相传下来的。但是神会的这些指陈不为当时政府所取信,反而贬走神会。刚好那时发生安史之乱,唐玄宗远避四川,肃宗召郭子仪平乱,这时国家财政贫乏,军队饷银只好用度牒代替,如此必须要有一位高僧宣扬佛法令人乐于接受度牒,神会和尚就担任了这项推行度牒的任务。郭子仪收复两京(洛阳、长安),军饷来源,不得不归功神会。安史之乱平了后,肃宗迎请神会入宫奉养,并且尊神会为禅宗七祖,所以神会是南宗的急先锋、北宗的毁灭者、新禅学的建立者、《坛经》的创作者,在中国佛教史上没有第二个人有这样伟大的功勋。我所研究的《神会和尚全集》可望在明年由中央研究院历史语言研究所出版。

最后,根据我个人几十年来找书的经验,发现我们过去的藏书的范围是偏狭的,过去收书的目标集于收藏古董,小说之类决不在藏书之列。但我们必须了解了解,真正收书的态度,是要无所不收的。